川上徹也

一言力《ひとことりょく》

GS
幻冬舎新書
439

はじめに

「一言主」のインパクト

この本を読めば、「一言力」が身につきます。

「一言力」とは、「短く本質をえぐる言葉で表現する能力」のことです。

身につけば、あなたにとって一生の武器になります。


日本では古代から「言葉」は特別なものだと考えられていました。

「言＝事」であり、「良い言」を使うと「良い事」が起こり、「悪い言」を使うと「悪い事」が起こる。

言葉には霊的な力「言霊《ことだま》」があると信じられていたのです。

そんな「言霊」を司る神様が『古事記』に登場します。

それが「一言主《ひとことぬし》」です。

一言主は、「良いことも悪いこともすべて『一言』で言い表す」という神様です。

雄略天皇が大和の葛城山《かつらぎさん》へ鹿狩りをしに行った時、一言主に出会います。向かいの尾根を自分たちと同じ格好をした一行が歩いているのに気づき、名を問うと相手はこう答えました。

「吾は悪事《まがごと》も一言、善事《よごと》も一言、言い離つ神。葛城の一言主の大神なり（私は、悪いことも一言、良いことも一言で言い放つ神。葛城の一言主の大神である）」

天皇は恐れ入り、弓矢や随行の人間の衣服も一言主に献上しました。一言主はそれを受け取り、天皇の一行を見送ったと書かれています。

古事記で一言主が登場するのはこのワンシーンのみですが、たいへんインパクトがあり、印象に強く残ります。

なぜでしょう？

「一言」で表現するということは、本当に大切なことしか言わないということです。無駄をそぎ落とした「一言」にすることで、「物事の本質」が浮かび上がります。

それゆえ、すべてを「一言」で言い表す（＝本質をえぐる）ことができる一言主の登場は、とても衝撃的なのです。だからこそ雄略天皇も一言主に一目置き、ひれ伏したのでしょう。

本書では一言主のように「短く本質をえぐる言葉で表現する能力」のことを「一言力」と名づけました。

「本質をえぐる」という言葉は、「的を射る」「核心をつく」「小気味よい」「言い得て妙」「ズバリ言う」などに置き換えてもかまいません。

あなたも、「一言力」を身につけたいと思いませんか？

他人の長い話にイライラしませんか？

「一言力」を身につけると、まわりにインパクトを与え、印象に残る存在になれます。

本質をえぐる「一言」で話し書くことができれば、「頭がいいな」と他人から評価される人になれます。

ちょっと思い浮かべてみてください。

あなたの職場でのシーンを。

会議などでクドクドと長い発言をする若手に、「結局何が言いたい？」と言いたくなったことはありませんか？

部下の要領を得ないダラダラとした文章を読むとイライラしませんか？

長くしゃべればしゃべるほど、長く書けば書くほど、物事の本質は伝わりにくくなるのです。

「そんなことわかっている」と思われたかもしれません。

しかし、他人の長い発言や文章にはイライラするのに、知らず知らずのうちに自分も「同じあやまち」をおかしてしまっている可能性、ありませんか？

年長者だから、上司だから誰も言わないだけで、「あの人の話は長くて何が言いたいかわからない」と陰口を叩かれているかもしれませんよ。

あなたが若手や部下の立場ならばなおさらです。早い段階で「一言力」を身につけておけば、あなたのビジネス人生は大きく変わるでしょう。

情報があふれている現代社会においては、いろいろな場面で、ますます「一言力」が求められています。

本書では「一言力」を以下の7つの能力に分解し、「短く本質をえぐる言葉」で話し書けるようにするためのノウハウを一冊にギュッと詰め込みました。

①要約力――情報、言いたいことを短く要約する技
②断言力――リスクを負って言い切る技
③発問力――相手が思わず答えを探す問いかけをする技
④短答力――相手の質問に短く的確にコメントする技
⑤命名力――興味をひくネーミングやタイトルをつける技
⑥比喩力――相手が腹落ちする比喩を瞬時に言う技
⑦旗印《はたじるし》力――多くの人を引っ張る旗印やスローガンをつくる技

いずれも「一言」で本質を言い表すのには必要な能力ばかり。
これらの能力の組み合わせで「一言力」は形成されているのです。
わかりやすいようにいろいろな実例も紹介していきます。

「一言力」で立場が大逆転

不利な立場に立たされた時こそ「一言力」がモノをいいます。

1984年のアメリカ大統領選挙は、2期目を目指す共和党のロナルド・レーガン大統領に民主党のウォルター・モンデール候補が挑む戦いでした。当時、レーガンは既に73歳。対するモンデールは56歳。マスコミ報道や世論調査でもレーガンの高齢に対する懸念が噴出していました。

二人のテレビ討論会の時のことです。司会者がレーガンの高齢を問題にしました。キューバ危機の時、故ケネディ大統領が何日も徹夜で問題解決にあたったことを例にあげ「既に最高齢大統領のあなたにその体力はあるのか？」と質問したのです。

レーガンにとっては一番触れられたくない弱点で、嫌な質問です。

しかし彼はすました表情のまま、短い言葉でその立場を逆転しました。

それは以下のようなものです。

「わかってほしいのは、私がこの選挙で年齢問題を争点に取り上げるつもりはないということです。したがって対立候補（モンデール）の若さや経験不足を争点にして取り上げようとは考えていません」

この抜群の切り返しに会場は爆笑につつまれます。質問にたった司会者も、対立候補のモンデールさえもが思わず笑ってしまったくらいです。その結果、レーガンの年齢問題は不問にされ、選挙ではレーガンが圧勝しました。

のちにレーガンは「私はこの14語のセリフによって大統領当選を確実にした」と回想しています。

これは一言力の中でも「短答力」と言える能力です。

「一言力」で注目を浴びる存在に

スポーツ界でも、名選手や記憶に残る選手は「一言力」が秀でていることが多いです。例えば、日本プロ野球界で選手としても監督としても大きな実績を残した野村克也は、その「一言力」によって多くの人に注目されてきました。

彼の一言力は、天性のものではなく、あらかじめ準備し鍛えることによって身についたものです。

現役時代、史上二人目の600号ホームランの時に語った「王や長嶋が太陽の下で咲くヒマワリなら、オレは夜にひっそり咲く月見草のようなもの」という有名なフレーズは、数カ月前から準備して考えていたものでした。

当時、所属していたパ・リーグは人気がなく、印象に残るコメントを出さないと新聞記事にしてもらえないという思いから、ずっと前から考えていたのです。太宰治の『富嶽百景』の一節「富士には月見草がよく似合う」をヒントにこのフレーズを思いつき、ここぞとばかりに語りました。

これは一言力の中でも「比喩力」に分類される能力です。

その後も、本人の言葉やそこから派生した言葉として、現役時代には「生涯一捕手」、解説者時代には「野村スコープ」、監督になってからは「ＩＤ野球」「野村再生工場」など、流行語になるような言葉がいくつも生まれ（こちらは「命名力」という能力）、東北楽天ゴールデンイーグルスの監督時代には、試合後のコメントが必ずスポーツニュースなどで使われていました。

これらもすべて思いつきだけではなく、普段からいろいろな本を読み、使えそうな言葉を常にストックしていたといいます。

前述したレーガンも、その場で思いついた一言のように語ってはいますが、実際は「必ず来る質問」なのですから、周到に準備していた可能性が高いでしょう。

このような、人知れず行う、地道な努力や準備も、「一言力」を向上させるためには欠かせません。もちろん、当意即妙の「一言」がいつでも口から出る天才的な方もいるでしょうが、多くの人はそうではないでしょう。そもそも、そのような方であれば、わざわざこのような本を読む必要はありません。

本書では、どのような訓練をすれば「一言力」が身につくかについても詳しくお伝えしていきます。

広告だけがコピーライターの仕事ではない

私の職業はコピーライターです。

あなたはコピーライターにどんな印象をお持ちでしょうか？

一般的には、広告の「キャッチコピー」を考える仕事をする人、というイメージでしょう。簡単に言うと、「商品や会社の良いところを一言に凝縮して表す仕事」です。

しかし私は、コピーライターの仕事は広告だけではないと考えています。

いやむしろそれ以外の分野での可能性の方が大きい。

コピーライティングのメソッドは、広告以外の分野でも必要とされるからです。

例えば「会社経営」にかかわる言葉の開発を依頼されることがあります。経営理念や企業スローガンはもとより、経営者が様々な場面で発信する言葉を考えるのです。その場合、スピーチの原稿なども書きます。

地方自治体や商工団体などから地域活性化のため力を求められることもあります。どのような言葉で旗印をたてるか、どのような視点で独自化するかによって、注目度が大きく変わってくるからです。

今後は、社会問題の解決に向けての「言葉の開発」に携われればと考えています。

このようにコピーライターの職域はまだまだ広がっていくと思いますが、「対象物の良いところを一言に凝縮して表す」ということは共通です。

もっとも「一言力」が必要とされる職業だと言えるかもしれません。

本書では私がコピーライターの仕事を通して習得した「一言力のメソッド」をわかりやすい言葉に翻訳して、みなさんにお伝えしていこうと思います。

いろいろな場面で必要な「一言力」

「一言力」は、いろいろな場面で必要とされています。

容易に想像がつくのは、ビジネスの現場でしょう。

会議での発言、ビジネス文書などでは、「短く本質をえぐる言葉で表現する」ことが求められています。

商品やコンテンツを開発する時は、その企画が一言で表現できるかどうかが決め手です。ヒット商品の多くは、一言でそのコンセプトが表現できます。1本の製作に数十億の予算をかけるハリウッド映画でも、最初の企画の段階で一言で表現できるかどうかで出資が決まります。

ビジネスマンにとって、「一言力」があるかどうかは、仕事がデキるデキないを決定づけるのです。

会社経営にも「一言力」は重要です。

経営者は社内外に向けて、自らの「方針」「理念」を示し続けなければいけません。

それが「本質をえぐった刺さる言葉」であるか、「手垢にまみれた常套句《じょうとうく》」であるかは、評価に大きな影響を与えます。社員のモチベーションにも大きな影響を与え、ひいては業績も左右します。

経営者でなくても、管理職であればリーダーシップのために「一言力」は不可欠です。部下のハートをつかめるかどうかは、だらだらと話すのでなく、ビシッとした「一言」で言えるかどうかにかかっています。

ビジネス以外の分野でも「一言力」はますます必要とされています。

例えば、学術分野。

日本全国の大学や研究機関には、おもしろい研究をされている方が数多くいます。しかし残念ながら、いくらおもしろい研究であっても、一言で表現できないと、研究の必要性が多くの人に伝わっていきません。結果として研究費を獲得できないことになってしまいます。

政治の世界でも「一言力」は非常に重要です。

国民的な人気を得ることができるのは「一言力」がある政治家です。

それが正しいことだと言っているわけではありません。良きにつけ悪しきにつけ、事実としてそうだと言っているのです。

ワンフレーズ・ポリティクスと批判はありましたが、小泉純一郎元首相の「短く刺さる言葉」は、結果として多くの人の心を動かしました。現在、田中角栄元首相が注目されているのも、やはり「言葉の力」による部分が大きいでしょう。２０１６年７月に実施された都知事選挙では、小池百合子が抜群の一言力を駆使して圧勝しました。

ここ10年ほどの国政選挙の結果を見ても、「郵政民営化」「政権交代」「アベノミクス」など「主体的な選挙の争点」を一言で表現し広めた政党が、地すべり的に勝利しているのがわかります。

大切なのは「主体的な選挙の争点」という部分です。「反〇〇」だけでは、善戦できることはあっても、政権奪取はできません。

「一言力」を学校教育に

このように言うと「言葉は短けりゃ何でもいいのか？」という反論が出てくるでしょう。

私は、なんでもかんでも言葉を短くすればいい、効率的に「一言」で表現するのがすばらしい、と考えているわけではありません。

内容が重要なのは当然ですし、「世の中には一言で表現できないことがある」「無駄な言葉の中に大切なことがある」というのも重々承知です。

私自身、「無用の用」という言葉を信奉しています。「無用の用」とは、老子や荘子などが唱えた「一見役に立たないように見えるものの中にこそ本当に役立つことがある」という考え方です。

しかしながら現在の日本においては、価値のない形式だけの無駄な言葉が多すぎます。余計な前置きや慣用句・常套句などによって、本当に大切なことが伝わらないケースが多々見られます。

いわば「言葉メタボ」な状態。

言葉のダイエットが必要なのです。

「一言力」は、教育の現場でもぜひ導入してほしいメソッドです。

日本の教育において、「作文」や「感想文」などを書かされることはあっても、本質を一言で表現するような言葉を発信する訓練はまったくなされていません。

若者が「自分の言葉」で意見を言えないのも、就活生が同じようなアピールしかできないのも、そのような教育を受けたことがないからです。

小学校、中学校、高校、大学とそれぞれのステージに合った「一言力」の訓練をぜひ導入すべきでしょう。

本書がそのきっかけになってくれることを願って執筆しました。

では、早速始めましょう。

一言力《ひとことりょく》／目次

第二章 断言力
——言い切ることは、力を生む 53

第四章 短答力
――グサッと切れ味のいいコメントを繰り出す 101

文中の敬称は略させていただいています。

第一章　要約力

――それ、13字でまとめてみて

結論はなんだ？　結論は？

「一言力」に必要な能力の1番目は、「要約力」です。

「要約力」とは、多くの情報の中から「重要な部分を簡潔にまとめて伝える力」のことをいいます。

要約できなければ、一言で言える道理はありません。

「一言力」に、まず「要約力」が必要なのは自然の理です。

イギリスのチャーチル元首相やアメリカのレーガン元大統領は、すべての案件を紙1枚に要約させせました。

ソフトバンクの孫正義会長の口癖は「結論はなんだ？　結論は？」だといいます。

部下が用件を話す時、最初の10秒で心をつかめなければ、「もういい」の一言で、話も聞いてもらえません。

アップルのスティーブ・ジョブズも、部下が複数のアイデアを出すと「ひとつに絞って持ってこい」「もっとシンプルにしろ」と怒鳴ったといいます。

孫正義やスティーブ・ジョブズが特別なわけではありません。敏腕経営者や世の中に影響力のあるリーダーは忙しいので、気が短くすぐに結論を求める人が多いのです。

忙しいトップは、細かなディテールを聞いたり読んだりする暇はありません。

また、説明を受ける側（ジャッジをする側）の方がその案件について詳しいことが多いので、知っていることをグダグダ話されてもイライラするだけです。

そのような相手の心をつかもうとしたら、まず結論ファーストの要約が不可欠です。

自分が要約されていない話を聞く側の立場になると、ダラダラと話されるのがいかに苦痛かがわかるでしょう。

その商談、結局どうだったの？

例えば得意先から急に呼び出しがあったとします。

上司であるあなたには外せない予定があり、どうしてもその商談に参加できず、担当の部下をひとり訪問させることにしました。

あなたは、帰ってきた部下に「どうだった？」と尋ねました。

すると部下が以下のように話し出しました。

「鈴木部長が出てきて、前回のテレビCMの企画プレゼンについていろいろな質問を投げかけてきたんですよね。最初の質問は納期の件。『本当にこの案を進めて、スケジュールの確保は大丈夫なのか？』とおっしゃったんで、うちは最大限努力しますと答えておきました。２つ目の質問が、タレントに関して。うちが提案したタレントについて、社長の奥さんがあまり好きじゃないと言っているみたいで、他のタレントも提案してほしいと言われました。これについては新しいタレントの候補を出してもらうように、キャスティング会社に依頼しようと思っています。３つ目の質問が……」

あなたはどう思うでしょう？

このように時系列でダラダラ話されて、結論が見えない報告ほどイライラするものはありません。

いい加減、「で、結論はどうだったんだ？」と問いかけたくなりますよね。

「前回のプレゼン、鈴木部長から再提案するように言われました。理由は３つです。それは……」

とまず商談の要約を言ってから、必要に応じて詳細を知らせてくれる部下がいたら、どうしてもそちらの方が評価が高くなるはずです。

それはなぜでしょう？

後者は、まず要約していることで結論がわかるので、その後の話が入ってきやすくなるからです。

とりあえず資料全部渡しておきます病

上司や得意先が語ることを端的に理解して返す。

上司や部下に言いたいことを短くまとめて語る。

会議などで配られた書類を短時間で読み込み主旨を理解する。

会議に提出する資料を簡潔にまとめる。

資料や企画に的確な見出しをつける。

これらは現在のビジネスパーソンにとって、一番基礎となる能力です。

いずれも「要約力」が必要とされます。

要約力は、ビジネスの基本能力なのです。

この能力があると、会話のズレがなくなり、コミュニケーションは円滑になり、生産性は向上します。

しかし、日本のビジネスパーソンは一般的にこの要約が苦手です。

私は企業研修で話す際の冒頭、出席者に向けて「この会社の特徴を一言で教えてください」という質問をよくします。その際、「一言」では終わらず、長々と説明し出す人が後を絶ちません。

また、仕事で要領を得ないオリエンテーションを受けたあとで「とりあえず資料を全部お渡ししておきますからそれを読んでおいてください」などと言われて、どさっと資料を渡されることもよくあります。

渡す方は要約する必要がないし安心かもしれませんが、大抵そのほとんどは無駄な資料です。どれが重要なのかわからない。とてもじゃないが、全部読む気にはなりません。

少なくとも、それぞれの資料の要約や大事なポイントなどをきちっとつけて渡してほしいものです。

誰も教えてくれない「要約力」

日本人に要約が苦手な人が多いのは、ほとんどの人は情報を要約する訓練を受けたことがないからです。

確かに中学・高校などの国語の試験問題には、「以下の文章を読んで何字以内で要約せよ」という問題はありました。

ただ多くの場合、重要な一文を抜き出して、主語を付け足したりその字数を減らしたりする程度のことに終始しています。

特に口頭で情報を要約するという訓練は、多くの人はほとんど受けていません。

だからこそ、自分で訓練するしかないのです。

この章では、書き言葉、話し言葉両方における要約力をどうつけるかの訓練の方法について語っていきます。

なお、本書では要約には以下の2つの段階があると考えます。

①具体的要約
②抽象的要約

そもそも要約とは、具体的なことを抽象化していく作業です。

本書では、その中でも、固有名詞などある程度の具体性を残した要約を「具体的要約」と呼びます。

一般的なビジネスシーンではこちらの要約力が必要とされることが多いです。

そこからさらに抽象度を上げ本質的な部分にまで昇華した要約を「抽象的要約」と呼ぶことにします。

これは具体性にとらわれず、物事の本質を理解したい時に有用です。

抽象的要約については後述します。

ここではまずは①の具体的要約について語っていきましょう。

「具体的要約力」の訓練、情報を書き言葉で要約して示す時にぴったりの教材がネットにあります。

それがヤフートピックスです。

ニュースを13字に圧縮

Yahoo! ニュース（ヤフーニュース）は、Yahoo! JAPAN が運営する日本最大級のニュースサイトです。なかでも13字（厳密には半角文字も入れ13・5字）×8本のニュース見出しを中心とした「ヤフートピックス」は、絶大な影響力があります。

ヤフートピックスは、他のニュースサイトとは根本的に違う考え方でタイトルがつけられています。

他のニュースサイトのタイトルは、いろいろなコピーライティングのテクニックを駆使して何とか自社のサイトに誘導しようとしています。それに比べヤフートピックスは「要約」に徹しているのです。

例えばこの原稿を書いている時のヤフートピックスの見出しを拾ってみましょう。以下の8本でした。

小池・増田氏が競る 読売調査
中国大洪水 ダム放流の疑念も
社名変更へ スバルの危機感
ポケGO 道具似の公園に殺到

警戒の3大夏風邪 特徴と対処
村田諒太 1回TKOで11連勝
五輪卓球 初のビジネスクラス
尾崎豊さん息子 父への思い

いずれもこの見出しだけでも、興味がそそられますね。

特に修辞的なテクニックを使っているわけではないのに、情報を最小限に圧縮して要約しているため力が生まれています。

例えば「社名変更へ スバルの危機感」というタイトルは、もともと東洋経済オンラインに掲載された「『スバル』はなぜ富士重工の名を捨てるのか 吉永社長が語る『目指すものの深さ』とは」という、スバルの社長へのインタビュー記事に改めてタイトルをつけたものです。

「富士重工の名を捨てるのか」という疑問形を使っている部分を、ヤフートピックスでは「社名変更」という一語で表現し、インタビュー全体を「危機感」という単語で要約しているのがわかります。

このように情報をできる限り圧縮していくことで、13字を実現させているのです。

圧縮することで力を生み出す

なぜヤフートピックスは、13字なのでしょう?

人間が一度に知覚できる文字数は限られています。

京都大学大学院下田宏教授の研究によると、目を動かさずに一度に知覚できる範囲は9〜13字とのことです。これは縦書きでも横書きでもさほど差はありません。

テレビで使われるテロップなども、おおよそ15字以内と決められています。この文字数を超えると、意味をつかみ取る努力が必要になってくるからです。

ヤフートピックスも何文字が最適なのかは試行錯誤して決まりました。

『ヤフー・トピックスの作り方』(奥村倫弘著　光文社新書)によると、文字数は当初11字から始まりましたが、2001年のレイアウト変更から13字半に落ち着き、現在に至っているとのことです。

また見出しは以下の3つの方針でつくられています。

①ニュースの価値を一言で表現する
②事実を間違いなくコンパクトに伝える
③余計な修飾はしない

13字以内にするには、伝えるべき重要な要素に圧縮していく必要があります。13字にする過程で余計な情報がそぎ落とされるので、何が重要なのかが明確になるのです。自然と「①ニュースの価値を一言で表現する」ことになります。

また、「②事実を間違いなくコンパクトに伝える」「③余計な修飾はしない」という方針があるため、ヤフートピックスは、他のニュースサイトのタイトルと違い、釣るためのキャッチコピーのテクニックをあまり使いません。要約に徹して、できる限り誤解を与えないよう、わかりやすく簡潔にしているのです。

文字数が多いと、ついつい余計な修飾語やコピーライティングのテクニックを入れたくなるのですが、13字と制限されているため要約に徹さざるを得なくなります。

要約が苦手な人にとっては、ここまで情報は圧縮することができるのか、ということを学べる最高の教材です。

桃太郎がヤフートピックスに

昔話の「桃太郎」のあらすじ、覚えていますよね？

ではこの桃太郎の話が実際に起こったとして、13字で要約してヤフートピックスのタイトルをつくるとしたら、どのようなものになるでしょう？

小さな子供は、一般的に「要約」が苦手です。

時系列で具体的に話していくのが普通でしょう。

例えば以下のように。

おじいさんとおばあさんがいてね。
おじいさんが山へ行っている間に、
おばあさんが川に洗濯に行くと、
大きな桃がどんぶらこどんぶらこと流れてきてね。
それを割ったら桃太郎が出てきてね。

こんな調子ですべてのストーリーを話そうとします。

これではとても要約になりません。

まず普通に要約していきましょう。文字数を考えなければ以下のような感じでしょうか。


おばあさんが川から拾ってきた桃から生まれた少年「桃太郎」は、村人に迷惑をかけている鬼を退治することを決意。きび団子を持って鬼ケ島に向かって旅に出る。途中、犬、猿、雉《きじ》と一緒になった桃太郎は、鬼ケ島に着き、鬼をやっつけ宝物を持ち帰る。


これだと100字以上あります。

切ってもよさそうな情報や固有名詞をどんどんカットしていきましょう。


桃から生まれた桃太郎が、犬、猿、雉とともに鬼ケ島へ行き鬼を退治し宝物を持ち帰る

かなり要約できましたが、これでも39字です。まだ半分以下にする必要があります。

そうやって考えていくと、重要だと思っていた「桃から生まれた」「鬼ケ島」というキ

ーワードや「犬、猿、雉」などの動物は、本質ではなく記号にすぎないことに気づきます。

それを省いていって少し言葉を変え13字にしてみました。

桃太郎、仲間と鬼退治に成功

いかがでしょう?

これでもニュースの本質は伝わるし、より詳しく知りたいと思うでしょう。

あなたも自分自身の日々の仕事や、上司への報告、上司や得意先からの指示を13文字以内に圧縮したタイトルにして、手帳やノートに記入する習慣をつけてみましょう。

それだけでも「要約力」は飛躍的に向上するはずです。

「ざっくり言うと」を仕事に取り入れる

ヤフートピックスにならって情報を最大限に圧縮することに慣れたら、次の段階に移りましょう。より具体的な内容を3項目に分けて、書いたり話したりしていくのです。

その訓練をする時に参考になるのが、livedoor ニュースや LINE ニュースの冒頭に使われている「ざっくり言うと」という要約です。

livedoorニュースのトップページを見ると、15字前後のタイトルが、ヤフートピックスのように並んでいます。

例えば、今、原稿を書いている時点で、そのうちのひとつに以下のようなタイトルがありました。

改名していて驚いた芸能人

タイトルをクリックすると、

浜崎あゆみに華原朋美…改名していてビックリした芸能人

という新たな長めのタイトルがあり、その下に「ざっくり言うと」という3項目の要約が書かれています。

・改名していると知って驚いた芸能人をVenusTapが男女500人に聞いた
・1位は「浜崎あゆみ」となり、福岡で活動し始めたときは浜崎くるみだった
・最初は三浦彩香だった華原朋美、海砂利水魚だったくりぃむしちゅーが続いた

そして「記事を読む」をクリックして、初めて記事の全文が現れるのです。

実際の記事には1位から5位までの改名した芸能人が書かれていますが、このテーマにそんなに興味がない人にとってはざっくり書かれているトップ3で十分でしょう。

タイトルだけでは中身まではわかりませんが、この「ざっくり言うと」という要約があるため、記事を読まなくてもニュースの大意をつかむことができます。

livedoorニュースでは、「ざっくり言うと」という要約の量を、「100字以内、3行前後」と制限しています。それだと読む時間も少なくて済み、そのニュースに対する興味のありなしもすぐに判断することができます。

もちろん興味がないと思われたものは読まれない、というシビアな結果になるわけですが、その分、触れるニュースの数は増え、結果としてサイトのPV（ページビュー）は上がるという可能性が高まるのです。

資料や本など、ある程度の分量のものは、すべてこの「ざっくり言うと」方式の3項目で要約して記録するという訓練をすると、要約力が高まります。

うまくできるようになったら、あなたの普段のビジネス文書にも「ざっくり言うと」を取り入れていきましょう。

会議で配る書類や資料に、「ざっくり言うと」で要約した紙を1枚付け加えたら、とても読みやすくなり、出席者はみな喜ぶはずです。

またプレゼンや交渉などで、形式的に上司に得意先へ同行してもらう場面などでも応用できます。

これまでの経緯や問題点、強調してほしいポイント、NGワードなどをざっくり書いた紙を、得意先に行く途中で渡しておくのです。

経緯を知らない上司にとっては重宝する書類になります。

そういう要約が自然にできると、「こいつは仕事ができるな」と評価されます。

ぜひ、実行してみてください。

ちなみに、この項を「ざっくり言うと」、以下のようになります。

・全体の要約の次には、内容に関して3項目の簡単な説明を加えよう
・その場合、livedoor ニュースの「ざっくり言うと」が参考になる
・普段から「ざっくり言うと」方式で要約する訓練をし、ビジネスに取り入れよう

抽象的要約とは?

ビジネスにおいては、ほとんどの場合、前項のような「具体的要約」で事足ります。

ただ新たな企画や商品などを考える際には、これから述べる「抽象的要約」が役に立ちます。

具体的な要素を極力排することで、よりその本質をあぶり出すことになります。

その結果、新たな企画を考える際にその骨子を使うことができるのです。

例えば前述した「桃太郎」のストーリーを抽象的に要約すると、以下のようになります。

少年が仲間と旅立ち何かを得る

この抽象的要約を骨子にして違う形で具体化すれば、別のストーリーを組み立てること

も可能です。

漫画『ワンピース』も同じ骨子であることはすぐにわかるでしょう。他にも同じタイプの漫画・映画・小説などはいくつもあることがわかるはずです。ヒット作が多いということも。往年の名画『スタンド・バイ・ミー』などもそうですね。

それだけ支持される型だということです。だとしたら、この抽象的な要約を元に、設定だけを変えれば、新たなヒット企画が生まれる可能性があるということです。

「少年」を「主人公」とさらに抽象化すると、「少女」や「おじいちゃん」を主人公にしても新たな物語が開発できるでしょう。

この抽象的要約は、商品企画などにも応用できます。

他業種のあるヒット商品の要素を、とことん抽象化して要約し、今度はそれを自分の業種で具体化すると、新たなアイデアが生まれる可能性が高まります。

会話は15秒で要約せよ

話し言葉においても要約の考え方は同じです。

結論ファーストを心がけましょう。

まず「用件」を要約して伝えることを心がけるのです。

話し言葉では、多少冗長になるので13字というわけにはいきません。

その際、15秒で用件を要約する習慣をつけましょう。

15秒はテレビCMと同じ長さです（番組提供枠のCMは30秒です）。

文字数にすると60字くらいはしゃべれます。

15秒でも意外にしゃべれるのです。

これくらいまでの言葉であれば、聞く方もストレスなく聞くことができます。

会話では、相手が長くしゃべったとしたら、それを短く要約するようにしましょう。

ただ相手の言葉をそのまま使う要約だと単なるオウム返しになり、あまり理解力があると思ってもらえません。

「それってひょっとしたらこういうことですか？」と前置きして、自分の言葉に置き換えて要約すると、より「わかっているな」と思ってもらえます。

自分の得意な分野にたとえてみるのもいいでしょう。

最初は、その要約が的外れになっていることもあるかもしれません。

前述した書き言葉での要約の訓練をすることで、そのようなケースは減っていきます。

相手の話をきちんと聞いて理解し覚えていないと、自分の言葉で要約できません。きちんと耳を傾けて、発言を理解してくれる人のことを悪く思う人は少ない。好意を持ってもらえる確率が高くなるのです。

元陸上選手の為末大《ためすえだい》は、現在コメンテーターを始め幅広く活躍しています。彼は別分野の人とビジネスや学問等の話題について話す時、相手が話した内容を「それはスポーツ界だとこういうことで合ってますか？」と要約します。すると、相手は「きちんと話を聞いて内容を理解してくれてるな」と、為末のことを評価するのです。

ただしビジネス以外のプライベートな会話で「それってこういうことだよね」と要約しすぎると、不快に思われてしまうことがよくあります。

特に女性は、夫やパートナーなど親しい男性に自分が話したことを要約されると、不愉快に感じることが多いようです。

またクレーマー等、怒っている相手の話を不用意に要約すると、火に油を注いでしまうこともよくあります。

どちらも気をつけましょう。

要約力を鍛えると得られるもの

あなたも自分自身の日々の仕事や、上司への報告、上司や得意先からの指示を13文字以内に圧縮したタイトルにして、手帳やノートに記入する習慣をつけてみましょう。

さらに長い資料や本などを読んだ時、ざっくり言うとどのような内容なのか、3項目でまとめておくようにしましょう。

企画をたてる時は、ヒット商品等を抽象的に要約してみて、その骨子をなぞって新たな具体化ができないか考える習慣をつけてみましょう。

会話の時は、相手の言葉を別の言葉に置き換え、時々要約してみるようにしましょう。

これらを継続すれば、驚くほどに要約力が鍛えられるでしょう。

このように日々の仕事を要約する習慣をつけると、以下のような能力がアップします。

・仕事において何が重要かがわかる
・上司や得意先の求めているポイントが何かがわかる
・仕事をどのように進めていくのが効率的かわかる

つまり、要約力を鍛えると、自分のやるべき仕事が明確になり、上司や得意先との齟齬《そご》が生まれにくくなるのです。

当然、仕事の効率性も大幅にアップします。

第一章のまとめ

①まず結論ファースト。そのために要約力を身につける。
要約には「具体的要約」と「抽象的要約」がある。

②書き言葉での要約の訓練にはヤフートピックスが最適。
得意先からの指示、上司への報告等を13字に要約する習慣を。

③全体の要約の次には、内容に関して3項目の簡単な説明を加えるといい。
その場合、livedoor ニュースの「ざっくり言うと」が参考になる。

④抽象的要約は新たな企画や商品などを考える際に役立つ。

⑤話し言葉は15秒で要約する習慣をつける。
相手が話したことを「それってこういうことですか?」と要約するといい。

第二章　断言力

――言い切ることは、力を生む

キリストも使った断言力

「一言力」に必要な能力の2番目は、「断言力」です。

断言することは、話者の意思を明確にするということです。

自然に力が生まれ、信頼を勝ち取りやすくなります。

歴史を振り返っても、優れた政治家・宗教家・経営者などは、必ずこの「断言力」を用いて人を引っ張ってきました。

例えばイエス・キリスト。

コピーライターで、大手広告代理店の創業者でもあるブルース・バートンは、1925年に『The Man Nobody Knows』（邦題『誰も知らない男――なぜイエスは世界一有名になったか』日本経済新聞社）という本を出版し、全米で大ベストセラーになりました。

バートンは「イエス・キリストは優秀な広告マンでコピーライターだった」と主張します。そしてイエスが使ったテクニックのひとつが、「情報を圧縮して断言する」だと語っています。

確かに聖書を読むといろいろなイエスの断言が載っています。

「汝の敵を愛せ」

「人はパンのみにて生くるにあらず」

「求めよさらばあたえられん」

「心の貧しい人々は幸いである」

これらの言葉は、短く力があり記憶に残ります。クリスチャンでなくても知っているような言葉でしょう。

断言しているからこそ、力が生まれているのです。

その上司についていこうと思うか?

例えばA案・B案・C案があり、あなたはどれかを選ばなければならない。

迷ってしまい、上司に相談したとします。

そんな時、以下のどちらの対応が、上司として頼もしいと思うでしょうか?

①自分と同じように悩んでしまい結論が出ない
②どちらの案がいいかを即座に断言し、その根拠を示してくれる

多くの人は、②の上司の方が頼もしいと感じるはずです。

複数の選択肢があった時、どれを選ぶかによって結果が大きく変わる場合があります。

そんな時は慎重にデータを調べたり、念入りにシミュレーションしたりした上で決める必要があります。

しかし実際のビジネスの現場では、複数案のうちどれを選んでも結果はさほど変わらない、というケースも多い。

そのような場合、リーダーに必要なのは、迷いを見せず、ひとつの道を選んで断言することです。

もちろん責任は伴いますし、リスクを負うことにもなります。

それがチームをまとめ、部下の信頼を得る結果につながるのです。

ただ部下から根拠を尋ねられた時には、きちんと論理的に説明できる必要があります。

その際、本当にその根拠が正しいかどうかは、さほど問題ではありません。

乱暴な言い方をすれば、正しそうに思える根拠を論理的に示せればいいのです。

リスクを負うから意味のあるアドバイスになる

臨床心理学者の河合隼雄は『こころの処方箋』（新潮文庫）という本の中で、以下のような内容のことを述べています。

野球のコーチが、バッターボックスに入る打者に向かって「ヒットを打て」というアドバイスをするのは、100％正しいけれどまったく役に立たない。リスクを負っていないからだ。

一方、「相手のピッチャーの勝負球はカーブだからそれを狙え」というのは、100％正しくないかもしれない。データとしては確率が高くても、相手が裏をかいてくる可能性もあるからだ。しかしそれが的中すれば、とても役立つアドバイスになる。コーチは正しくない可能性も含めリスクを負って発言している。だからこそアドバイスする意味があるのだ。

つまりこういうことです。

「リスクを負って断言するからこそアドバイスする意味がある」

これとまさに同じことが、現実のプロ野球でも起きました。

1997年のプロ野球開幕ゲーム。ヤクルト対巨人。

巨人の先発は、ヤクルトにとって天敵だったエース斎藤雅樹。当時、ヤクルトの監督だった野村克也は試合前、その年広島を自由契約になり入団してきた小早川毅彦にアドバイスをおくりました。

「お前の仕事はただひとつ。斎藤の1-3（ワンスリー）からのカーブを狙え」

斎藤は、1-3のカウントから外角に小さく曲がるカーブを投げて簡単にカウントを取りにきます。しかしほとんどの打者はそれを見逃してしまっていました。

野村は小早川にその一球を狙えとアドバイスしたのです。

小早川の2打席目、チャンスがまわってきました。カウントは1-3。小早川はアドバイス通り斎藤のカーブを捉え、見事ホームランを放ちます。

この一打を含め、小早川は3打席連続のホームランで斎藤をノックアウト。天敵斎藤を打ち崩したヤクルトは、この年、日本一に輝きます。

野村監督のリスクを負ったアドバイスが見事当たったのです。

このように上司として部下にアドバイスする時は、リスクを負って意味のあるアドバイスをする必要があります。

あいまい語尾を駆逐する

日本では、断定することを必ずしも良しとしない風潮があります。

傲慢に聞こえたり、和を乱したりするというのがその理由です。

学生同士の会話などを聞いていても、言葉の意味をあいまいにするフレーズが非常に進化しています。例えば以下のようなものです。

・語感であいまいにする——「的な」「大体」「系」「なんか」「ゆうて」
・語尾であいまいにする——「感じ」「みたいな」「かも」「なくない？」
・評価をあいまいにする——「やばい」「微妙」「普通にいい」

確かに、このようなあいまい語のお蔭《かげ》で、お互い衝突せず角が立たずに会話ができるというプラス面もあります。断定しないとは、リスクや責任を負わないということですから、楽は楽です。

ビジネスの現場でも、「〜だと思います」「〜のはずです」「〜のようです」「〜じゃないですか」「〜かもしれない」「時間があれば」「できる範囲で」などというあいまい語はよく使用されます。

例えば、アイデアを出し合うようなクリエイティブな会議では、このようなあいまいな表現を使うのも理解できます。共感し合って、お互いにアイデアを高めていくのが目的だからです。また言い切らないところから、新しいアイデアが生まれてくることもあります。

しかし、オフィシャルな会議、プレゼン、商談などの場では、言い切るべきです。このようなあいまいなフレーズを使っている限り、言葉に力は生まれません。断定しないということは、発言に責任を持たないということにつながります。まずはまったく意味のない無駄なあいまい語尾をやめる習慣をつけましょう。

例えば

「会議を始めたいと思います」

「会議を始めます」←

ここで最初のフレーズの「思います」には何の意味もありません。

このようなあいまい語尾はいらないのです。

さらにプレゼンや企画説明などの時に、「時間があまりなかったので」「わかりにくいかもしれませんが」などと言い訳をするのも時間の無駄です。

逃げを残して断言する

確かに断定しにくい場面もあります。

例えば、プレゼンなどで企画を説明したあと、「この企画は必ずヒットするのかね？」などと質問されることがあります。

「必ずヒットします」と断言できるのが一番いいのですが、必ずしもそうでない場合の方が多い。どんなに企画に自信があったとしても、ヒットにはそれ以外の要素も絡んでくるからです。

かと言って、「ヒットするかもしれません」では迫力がなくなります。
そんな時は、「確率がかなりあります」「可能性が高いです」というフレーズを使うと、逃げを残しつつ断定しているので、それなりに力強いフレーズになります。

「ヒットするかもしれません」
←
「ヒットする確率はかなり高いです」

忘れてはならないのは、断言したあとにはその根拠を示す必要があるということです。
いくら断言しても、根拠を何も言えなければ、説得力は大幅に下がってしまいます。

「ヒットする確率はかなり高いです」
←
「ヒットする確率はかなり高いです。理由は3つあります（と根拠を述べる）」

断言したあとには、きちんと根拠を示すようにしましょう。

ビジネス文書は1行目が命

書き言葉である文章では、潔く断言することが基本です。

なぜなら、文章を書いていると、自然についつい言い訳めいたことを書いたり、あいまいな語尾になったりしてしまいがちだからです。人から批判されたくないという保身の気持ちや、正確さを期したいという気持ちが働くことが理由です。

世の中に１００％絶対に言い切れることなんて、ほとんどありません。正確さを求めれば求めるほど、注釈や他の選択肢をつけたくなります。

そこをあえて言い切って断定するからこそ、文章に力が生まれるのです。

また断言することにより、文章にリズムが生まれます。その結果、わかりやすくなり、メッセージも届きやすくなるのです。

逆に正確さを追求しようとすればするほど、読みにくく伝わりにくくなります。

断言できないことは、書かない方がマシです。

自分の意見や知識にどうしても自信を持てないという場合は、確信を持って断言できるようになるまできちんと調べて書くようにしましょう。

企画書・提案書などのビジネス文書では、1行目が命です。

タイトル、見出し、ネーミング、キャッチコピーなど、1行目でツカむことができなければ、身を入れて中身を読んでもらえません。

その時、「断言力」が役に立ちます。

1行目で思い切って断言すると、ツカむ確率が高まるからです。

以下、冒頭でツカむための、いろいろな断言・言い切りの手法をご紹介します。

圧縮して言い切る

最初は、断言力の基本である「圧縮して言い切る」という手法です。

例えば、冒頭で以下のような文章を思いついたとします。

「言葉は日常の習慣によって身についていくものかもしれない」

この文章を圧縮して、言い切ってみます。

「言葉は習慣である」

いかがでしょう？

圧倒的に力強くなり、続きの文章を読みたくなるものになりました。

以下のフレーズをご存じでしょうか？

「男の顔は履歴書である」

昭和40年頃に流行語になったフレーズです。戦後日本のジャーナリストの草分け的な存在として知られる大宅壮一が本に書いたことで、広まりました。

このフレーズは、アメリカ16代大統領リンカーンが、ある閣僚候補を「顔が気に入らない」という理由で却下したエピソードが元になっています。側近が「顔で判断するのはおかしい」と抗議したら、リンカーンは「男は40過ぎたら自分の顔に責任を持たなければならない」と語ったといいます（他の人が言ったものが、リンカーンのエピソードにすり替わったという説もあります）。

大宅はこのエピソードを圧縮して言い切り、「男の顔は履歴書である」というフレーズを生み出したのです。元のリンカーンの言葉もインパクトがありますが、さらに圧縮したことで力を生み出しました。余談ですが、鎌倉の瑞泉寺にこのフレーズを刻んだ大宅壮一の石碑があります。

俳優の石田純一の発言として有名になった以下のフレーズ。

「不倫は文化だ」

本当は本人の口から出た言葉ではありません。

不倫が発覚した時、石田は記者の質問に以下のように答えました。

「今までの文化をつくったり、良い音楽や良い文学っていうのは、そういうこと（不倫）からもできているわけだし、小説がすばらしければ褒《ほ》めたたえられて、その人の行為は唾《だ》棄《き》すべきものとは僕は思えないね」

これを新聞記者が勝手に圧縮して言い切り、「不倫は文化」と記事のタイトルにしたことから広まったのです。その結果、石田は世間からバッシングを受け、多くの仕事を失いました。圧縮言い切りの力は、恐ろしいですね。

この圧縮して言い切る手法は、多少ロジックがつながっていなくても使えます。

例えば、以下のフレーズは、芸術家の岡本太郎が、1981年にビデオカセットのCMの中で言い放ったもので、その年の流行語になりました。


「芸術は爆発だ！」


もともと岡本太郎が、「芸術には、規則にしばられることのない、爆発的なエネルギーが必要だ」という主旨のことを語っていたのを、CM用に圧縮して使用したものでした。

「芸術は爆発だ！」というフレーズに論理的な根拠はありませんが、強引に圧縮して言い切ったことで、力が生まれているのがわかります。

予言して言い切る

未来に起こることが確実にわかる人は、誰ひとりとしていません。

だからこそ、リスクを負って予言して言い切ると、力強いフレーズになります。

雑誌などで流行を先取りして「この秋、○○が来る」などというフレーズをよく見かけます。これなども、未来を予言して言い切っているから力が生まれるのです。

前述したように、断言に根拠がセットになっていると、説得力が上がります。

占い師や霊媒師の言葉に説得力があるのは、不確かな未来に対して、何らかの根拠を示した上で、予言して言い切っているからです。

「何らかの根拠」とは、「手相」「星回り」「タロットカード」「霊感」「前世」などのようなものです。「そんな非科学的なものが根拠になるのか?」と思う方も当然いるでしょう。ここでいう根拠になるかどうかは、受け手にとって納得できるかどうかによって決まります。

やるべき前提を示してから、未来を予言するという手法があります。

例えば、以下の健康法について書かれた書籍のタイトルは、すべて前提条件を示してから予言して言い切っています。

『体温を上げると健康になる』
『「究極のツボ」を刺激すると健康になる』
『主食をやめると健康になる』

『アゴのゆがみを整えると健康になる』

『親ゆびを刺激すると脳がたちまち若返りだす！』

『「おしり」を鍛えると一生歩ける！』


この前提条件を示した上で、予言して言い切るという手法は、企画書・提案書などのタイトルやキャッチコピー等に幅広く使えます。

脅して言い切る

脅すという手法は、決して品のいいものではありません。

しかし人は、将来手に入れることができるかもしれない「得」よりも、今持っているものを失いたくないという「損」に囚われる動物です。だから、それがなくなるかもしれないと脅されると、反発しながらも気になります。

例えば前項でタイトルをあげた『体温を上げると健康になる』（齋藤真嗣著　サンマーク出版）の目次を見ると、脅して言い切る手法の見本市のようになっています。

以下のようなものです。

・体温が一度下がると免疫力は三〇％低下する
・体温が低いとガン細胞が元気になる
・筋肉は使わないとどんどん減っていく
・ストレスを受けると細胞もダメージを受ける

こうやって脅して言い切られると、ついつい気になってしまいます。

この手法は、なくすものが、「健康」「お金」「若さ」「仕事」「不動産」「愛する人」など、人間が失いたくないものであるほど、効果があります。

常識の逆を言い切る

人は、自分が思い込んでいる常識と逆のことを言われると、心の中がもやもやとした気分になります。これを心理学用語で認知的不協和と呼びます。

もやもやを解消する答えを求め、その内容を知りたくなるのです。

ドラマにもなった漫画『ドラゴン桜』（三田紀房著　講談社）では、この「常識の逆を言い切るセリフ」が連発されます。

例えば、以下のようなセリフです。


「バカとブスこそ、東大へ行け！」

「詰め込みこそ真の教育だ」

「東大受験に参考書など必要ない」

「遊び感覚で解く！　数学とはそういうものだ！」

「100点以外はクズだ！」

「英語を学ぶ時の気持ちは不真面目でいい！」


読者は、これら常識の逆が言い切られたセリフに認知的不協和を覚え、それを解消する答えを知りたくて、漫画の続きを読んでしまうのです。

三島由紀夫と言えば、『金閣寺』『仮面の告白』『憂国』など、乾いた硬質な文体の小説家というイメージでしょう。そんな三島が、小説のイメージとはまったく違う『不道徳教育講座』という小気味よいエッセイ集を出しています。

作品名から連想されるように、各章には、いわゆる一般的な道徳・常識とは逆のタイトルが並んでいます。

例えば以下のようなものです。

・教師を内心バカにすべし
・大いにウソをつくべし
・人に迷惑をかけて死ぬべし
・友人を裏切るべし
・弱い者をいじめるべし
・スープは音を立てて吸うべし
・罪は人になすりつけるべし
・人を待たせるべし
・人のふり見てわがふり直すな
・恋人を交換すべし
・おわり悪ければすべて悪し

タイトルに惹かれて読み進めていくと、なるほどという快い裏切りがあります。最終的には道徳的な意味でも納得のいくオチに持っていく手腕は、さすがとしか言いようがありません。

断言はサービスと心得よ

以上、いろいろな断言・言い切りのテクニックを見てきました。

このようなテクニックを使い、タイトルや見出しで惹きつけて、中身を読ませることに対する抵抗があるかもしれません。

断言するより正確な方が大切なのではないか、という意見もあるでしょう。

断言は読者へのサービスだと心得ましょう。

より読みやすく心に残してもらうためのサービスなのです。

この章の冒頭で示した例を思い出してください。

上司が複数の選択肢がある中で部下に断言することは、リスクを負っているからこそ意味があるのです。

部下に対するサービスとも言えます。

文章でも同じです。

リスクを負って断言していくくらいの気持ちがないと、読者をツカむことはできません。

官僚が書く文章が何度読んでも意味が頭に入ってこないのは、保身ばかりを考え、断言しないことに原因があります。

一言力を身につけるためには、まずは断言する、言い切る癖をつけましょう。

第二章のまとめ

①断言することは、話者の意思を明確にするということ。自然に力が生まれ、信頼を勝ち取りやすくなる。

②リーダーはリスクを負って断言するからこそ、アドバイスをする意味がある。

③「〜だと思います」「〜のはずです」などのあいまい語尾を駆逐せよ。

④ビジネス文書は1行目が命。「圧縮して言い切る」「予言して言い切る」「脅して言い切る」「常識の逆を言い切る」などの手法でまずツカむ。

⑤「断言はサービス」と心得よ。

第三章　発問力

――なぜ「問いかけ」は心を一撃するのか?

渾身の問いかけで圧勝

「一言力」に必要な能力の3番目は「発問力」です。

誰かに何かを「問いかける」「語りかける」「質問する」という能力です。

「質問」と「発問」は似ていますが、あえて違いを言えば、わからないことを聞くのが「質問」で、語りかける側が問いをつくるのが「発問」です。

短く効果的な「問いかけ」ができると、あなたの言葉は相手の心の奥底まですーっと入っていきます。

広告のキャッチコピーに「問いかけ型」が多いのも、この性質を利用したものです。

意見が対立した時や、思いが伝わらない時なども、効果的な「問いかけ」ができると、一言で視点やその場の空気を変えることができます。

一言力を身につける時、見逃されがちだけれどなくてはならない能力が、この「発問力」なのです。

1980年、ロナルド・レーガンが、現職のジミー・カーター大統領に挑んだ大統領選挙。テレビ討論の最後のスピーチによって、レーガンは大統領選挙で圧勝しました。

レーガンは以下のように国民に問いかけたのです。

「投票日は来週の火曜日です。みなさんが投票所に行って決断する時、自分自身に問いかけてみてください。４年前に比べて生活は良くなっただろうか？ ４年前に比べて買い物しやすくなっただろうか？ ４年前より失業者は減っているだろうか？ 米国は世界で尊敬されているだろうか？ 安全は確保されているだろうか？ ４年前よりわれわれは強いだろうか？

もし、これらの質問すべてに対して、あなたの答えがイエスなら、あなたの選択は明らかです。でももしそうでないのなら、これまでの４年間がこれから４年続いてほしくないと思うなら、別の選択肢があると私は言いたいのです」

レーガンは直接、自分に投票してほしいとは一言も口にしていません。

しかしこの効果的な問いかけをしたことで、国民はカーター政権の４年間を思い起こしたのです。それがお世辞にもいいとは言えない４年間だったことも。カーター以外の選択肢があるということも。

この討論会によってカーターの支持率は急落。知名度で後れをとっていたレーガンですが、地すべり的に圧勝したのです。

強い「問いかけ」は、歴史をも変えることがあるのですね。

世界一貧しい大統領の問いかけ

2016年4月に初来日し、関連本が次々と出版され、ちょっとしたブームになったホセ・ムヒカ前ウルグアイ大統領。

彼は世界一貧しい大統領として知られていました。

大統領時代、給与の大部分を財団や政府などに寄付し、大統領公邸には住まず郊外の質素な家で生活。個人資産は約18万円相当の1987年型フォルクスワーゲン・ビートルのみ。飛行機の移動もエコノミークラスだったといいます。

ムヒカの名が広く世界に知られるようになったのは、2012年6月20日の「リオ+20(国連持続可能な開発会議)」でのスピーチからでした。

リオ会議では各国首脳が集まり、地球環境の未来を議論し合いました。

しかし各国の代表のスピーチは形式張ったありきたりのもので、ほとんど心にひびきませんでした。

そんな中、会議の最後のスピーカーであったムヒカは、ゆっくりと以下のように問いかけました。

「質問させてください。

もしドイツ人が一家族ごとに持つ車と同じ台数の車を、インド人が同じように持てば地球はどうなってしまうでしょう？　私たちが呼吸できる酸素はどれくらい残るでしょうか？

別の言い方をすると、裕福な西側諸国と同じレベルの消費や浪費を、70億、80億の人がするのを支える資源がこの地球にあるでしょうか？

それは可能なことなのでしょうか？　それとも別の議論が必要なのでしょうか？

なぜ私たちはこのような社会をつくってしまったのでしょうか？」

この根源的な問いかけは、多くの人の心を動かしました。

同じような内容のことを語ったとしても、「問いかける」という手法でなかったら、ここまで人の心に刺さらなかったでしょう。

「発問力」があったからこそ、ムヒカの思いは多くの人に伝わったのです。

冒頭で問いかけツカむ

ムヒカがやったように、スピーチやプレゼンの冒頭で何かを問いかけることは、聞き手をツカむのにとても有効な手段です。

世界的規模の講演会を実施しているTEDカンファレンスでも、冒頭に「いい問いかけ」を持ってくることで、人気を集めているプレゼンがいくつもあります。

例えば、サイモン・シネックは「優れたリーダーはどのように行動を促すか」についてプレゼンをした時、冒頭で以下のような問いかけを繰り返しました。


「物事がうまくいかなかった時、あなたはそれをどう説明しますか？　あるいは、他人が常識をすべてひっくり返すような偉業をなしとげた時、あなたはそれをどう説明しますか？　例えば、なぜアップルはあれほど革新的でいられるのでしょう？（中略）なぜマーチン・ルーサー・キングが公民権運動をリードできたのでしょう？（中略）なぜライト兄弟が有人動力飛行を実現できたのでしょう？」

こうやって問いかけを繰り返したのち、シネックは「3年半前、彼らに共通の要因であるゴールデンサークルを発見した」と続けます。

冒頭の問いかけで惹きつけられた聴衆は、その答えがぜひとも聞きたくなります。

この問いかけをせずに、いきなり「ゴールデンサークル」の話をしていたとすれば、聴衆はそこまで引き込まれないでしょう。

もちろん、その答えががっかりするようなものだと、むしろ逆効果です。

ただそれだけの価値がある発見であれば、このように興味を惹きつけることが重要なポイントになってきます。

まず何か問いかけてみましょう。相手の心をつかめるかもしれません。

なぜ書籍のタイトルは疑問形が多いのか？

ではなぜ「問いかけ」は、人の心を刺すのでしょう。

それは、人は問いかけられると「答え」を探す習性があるからです。

書籍のタイトルに疑問形が多いのは、この性質を利用しています。

例えば、書店で気になる疑問形のタイトルを見ると、答えが知りたくなりついパラパラと中身を見てしまいます。

そうなると買ってもらえる確率が上がるのです。

2005年に出版された『さおだけ屋はなぜ潰れないのか?』(山田真哉著　光文社新書)がミリオンセラーになって以来、書店に疑問形のタイトルがあふれました。

例えば、以下のようなものです。


『なぜ、エグゼクティブはゴルフをするのか?』

『なぜ、社長のベンツは4ドアなのか?』

『なぜ妻は八幡神社が日本でいちばん多いのか』

『なぜ妻は、夫のやることなすこと気に食わないのか』

『どうせ死ぬのになぜ生きるのか』


いずれも「気づいてなかったけど、そう言われたらそうだよね、なんで?」という問いかけであることが特徴です。

中にはタイトルに書いてあるトピックは、数ページしか書いていない本もあります。『さおだけ屋はなぜ潰れないのか？』もそうです。

サブタイトルにある「身近な疑問からはじめる会計学」が本来の内容です。もしそのままのタイトルだったら、ミリオンセラーになることはなかったでしょう。その中の1トピックである「さおだけ屋」の販売システムに焦点を絞って、それを疑問形のタイトルにした「発問力」があったからこそ大ヒットを生んだのです。

一流本を抽象的要約すると

書店には相変わらず「疑問形のタイトル」の本があふれています。

最近は前述したような「疑問」の新しさよりも、より単純な「なりたい自分＋疑問形」というタイトルの本が多くなっているのが特徴です。

特に2014年から2015年にかけて、「一流の人」をキーワードにした疑問形タイトルのビジネス書が、雨後の筍《たけのこ》のように出版されました。

以下は、そのほんの一部です。

『なぜ、一流の人は「疲れ」を翌日に持ち越さないのか』
『なぜ、一流の人はハードワークでも心が疲れないのか？』
『一流の人はなぜそこまで、コンディションにこだわるのか？』
『一流の人はなぜそこまで、習慣にこだわるのか？』
『なぜ一流の男の腹は出ていないのか？』
『一流の人はなぜモノの言い方にこだわるのか？』
『一流の人は、なぜ眠りが深いのか？』
『なぜ一流の人はみな「眠り」にこだわるのか？』
『なぜ一流の男は精力が強いのか？』
『なぜ一流の人は謝るのがうまいのか』

「一流の人（男）」の他に、「仕事ができる人」「世界のエリート」などのバリエーションがあります。

書店員からは「このようなタイトルの本にはうんざりしている」という声をよく聞きま

す。それでもこれだけ次から次へと出版されているのは、それなりに売れる本もあるからです。

書名としては手垢がついていてオススメしませんが、何か企画を考える時に、このパターンは参考になります。

前述の「一流本」を抽象的要約すれば、以下のようになります。

「なぜ○○は××なのか？」

この○○の部分に、目指すべき「会社」「商品」「企画」などを当てはめて、その特徴を入れてみるのです。

例えば以下のように。

「なぜA社はヒット商品が我が社の2倍あるのか？」

違いが分析しやすくなり、自社が何をしていけばいいかがわかりやすくなります。

企画書も問いかけの1行で

人は問いかけられると「答え」を探す習性がある。

この性質を利用して、企画書やプレゼンなどの冒頭で問いかけるのは効果的です。

2003年から1年間フジテレビで放送された、『お厚いのがお好き?』という深夜の教養バラエティ番組がありました。哲学書など分厚く難しい本の内容を身近なものにたとえて読み解いていくというもので、マニアックな人気があった番組です。

この番組の企画・構成は、放送作家として著名な小山薫堂《くんどう》でした。『企画書は1行』(野地秩嘉著 光文社新書)によると、小山はこの番組の企画書の最初の1ページ目に、渾身の力を込めて、以下の問いかけの1行を書きました。

君はキルケゴールも読んだことがないのか?

このインパクトのある強い問いかけに、その場にいた番組プロデューサーやディレクターたちは沈黙してしまいました。そして誰からともなく、「この企画やろうか」という流れになったといいます。

このように、企画書やプレゼンの冒頭で効果的な問いかけがあれば、グッと心をツカみ、内容を受け入れてもらえる確率が高まります。

以下、文章の冒頭でツカむための、いろいろな「問いかけ」「語りかけ」の手法をご紹介します。

ドキッとする問いかけをする

まず効果があるのは、受け手がドキッとする問いかけです。

広告では、消費者をドキッとさせることで注目を集めた名コピーがいくつもあります。

２０１６年８月、３年間の休業に入った渋谷パルコ。80年代のパルコの広告は消費者をドキッとさせる刺激的なものが数多くありました。

１９８５年のパルコの広告は以下のような問いかけをしました。

昨日は、何時間生きていましたか？

改めてそう問いかけられると「本当の意味で何時間生きていただろう」とちょっと考えてしまいますね。コピーライターは仲畑貴志。

１９８９年、伊勢丹の広告は以下のように問いかけました。

恋を何年、休んでますか。

多くの人にとってドキッとする問いかけなのではないでしょうか？
普通であれば「恋をしてませんか？」と問いかけるところを、「休んでますか。」とした表現が秀逸です。コピーライターは眞木準。
このコピーはのちに、ドラマのタイトルとしても使われました。
1992年、松下電工（現パナソニック）の美容家電の広告は、以下のように問いかけました。

きれいなおねえさんは、好きですか。

女性向けの商品なのに、あえて男性向けのコピーにしているところが斬新でした。コピーライターは一倉宏。

雑誌の特集の見出しでも、ドキッとする問いかけはよく使われる手法です。

以下の問いかけは、いずれも雑誌（『アエラ』『プレジデント』）の特集記事の見出しです。

まだ学歴に投資しますか？
あなたは会社を辞められますか
夫婦はなぜ憎しみ合うのか
嫌われる人はなぜ、嫌われるか？

いずれもちょっとドキッとする問いかけで、記事の中身が読みたくなるようになっています。

あなたも企画書やプレゼンなどの冒頭で、ぜひこのドキッとするような問いかけを入れてみてください。うまくはまれば、相手は真剣に読もう聞こうとするでしょう。

親身に語りかけて問いかける

相手に対して親身に語りかけて問いかけるという手法も効果があります。

これは読み手が思わず「はい」と答えてしまうような、語りかけ問いかけをすることが重要です。

例えば、あなたが40代・50代男性向けのビジネス誌の編集者で、何か特集記事を考えているとします。どのように語りかけたら、読者が興味を持ってくれる見出しがつくれるでしょうか?

その年代の人たちが思わず「はい」と答えてしまいたくなる語りかけ問いかけを考えてみましょう。

例えば、以下のように。

職場で「こんな部下」に困っていませんか?
お腹まわりの脂肪、気になっていませんか?
最近、体力がちょっと落ちてきたと思いませんか?
遠く離れた実家の両親のこと、心配じゃありませんか?

いずれも、その年代であれば「はい、います」「気になってます」「思います」「心配です」と答えたくなる人が多いでしょう。

受け手が思わず「はい」と答えたくなってしまうような語りかけをすると、「これは自分に対して語りかけられている」と感じます。

その結果、中身も真剣に読んでもらえるようになります。

語りかけのフレーズは、受け手が悩んでいることや気にしていることであればあるほど、効果が大きくなります。

企画書やプレゼンなどでも、相手が思わず「はい」と答えたくなる語りかけから入ってみましょう。

そこでツカむことができれば、中身を聞いてもらいやすくなります。

ターゲットを絞って提案する

相手に対して何かを提案して問いかけるという手法もあります。

その場合、ターゲットを絞って呼びかけておいてから提案すると、さらに効果的です。

その方が「自分と関係がある」と思ってもらいやすくなるからです。
ターゲットの絞り方は大きく以下の3つがあります。

①属性で絞る
「性別」「年齢」「職業」「居住地」「所属先」「所有物」「身体的特徴」で絞る
②内面的要素で絞る
「悩み」「価値観」「願望」「思想」などの要素で絞る
③行動的要素で絞る
「用途」「利用目的」などの要素で絞る

これらの要素で絞った呼びかけをしてから、行動を促すような提案をすると、受け入れられる可能性が高まります。

例えば、スポーツクラブのチラシのキャッチコピーで考えてみましょう。

①属性で絞る

50歳以上の品川区在住の女性の方にグッドニュース

②内面的要素で絞る

最近、どうもカラダの切れが悪いなと感じるあなたへ

③行動的要素で絞る

会社帰りに荷物を持たずにジムに寄りたいあなた

このようにターゲットを絞って呼びかけてから、「運動の習慣をつけませんか？」「ジムに通いませんか？」など、行動を促すフレーズを入れていくと、その対象者には提案が届きやすくなります。

ヘアカラーを普及させた問いかけとは？

クイズ的な問いかけをして、受け手の興味をひくという方法もあります。

1950年代後半のアメリカ。化粧品メーカーのクレイロール社は、初めての家庭用ヘアカラー剤「ミス・クレイロール」を発売しました。

当時のアメリカにはまだ、髪の毛をブロンドに染める女性は、ショーガールかコールガ

ール扱いされるという風潮がありました。それが原因でヘアカラーはなかなか普及していなかったのです。

女性コピーライターの草分け的存在であったシャーリー・ポリコフは、この商品の広告キャンペーンで、「髪の毛を染める」ことへのイメージを大きく変えようと考えました。

そこで、清楚で健康的なイメージがあるモデルを使い、子持ちの主婦という設定で、二者択一のクイズ形式のキャッチコピーを書いたのです。

彼女…してる？　してない？

Does she…or doesn't she?

「果たしてモデルの彼女は、髪の毛を染めているでしょうか？　いないでしょうか？」という意味です。

このように問いかけられると、人はどっちだろう？　と興味を持ち、答えを知りたくなります。

サブコピーでは、「色合いがあまりに自然なので、答えを知っているのは彼女の専属美容師だけ」という、さらに謎を深める答えが書かれています。

このキャンペーンは大成功し、ポリコフは、一躍有名コピーライターの仲間入りを果たしました。

また、このキャンペーンをきっかけに、アメリカで女性が髪の毛を染めるという習慣が一般化されていったのです。

「発問力」がますます重要になるわけ

さて、いろいろな問いかけのテクニックを見てきました。

ちゃぶ台返しをするようですが、問いかけの本質はテクニックではありません。

「発問力」とは言い換えると、「問題をつくる力」です。

今までの日本では、「問題解決できる力」が重視されてきました。

学生時代しかり。社会人になってからもそうです。

しかしそれだけでは、一定レベルのところまではいっても、イノベーションを生むような大きな成果は期待できません。

ましてやＡＩ（人工知能）が普及していくこれからの時代において、問題解決能力はあまり意味をなさなくなる可能性があります。

いかに「いい問いかけができるか」という、「発問力」が問われるのです。

アメリカのジャーナリスト、ウォーレン・バーガーは、その著書『Q思考』(ダイヤモンド社)で、いい問いかけ(=考える方法を変えるきっかけとなる野心的だが実践的な質問)のことを、「ア・ビューティフル・クエスチョン(美しい質問)」と呼んでいます。

その本にも載っている「美しい質問」の実例を紹介しましょう。


1965年フロリダ大学のアメフト部「ゲーターズ」のコーチをしていたドウェイン・ダクラスは、「なぜ選手たちは試合後、もっとトイレに行かないのだろう?」という疑問を抱きました。試合中、選手たちはかなりの水分を補給しているので「普通ならば試合終了と同時にトイレに駆け込んでもよさそうなものなのに」と考えたのです。ダクラスは自分自身が発した「問いかけ」の答えを得るために、同大学の医学生理学者ロバート・ケード教授に調査を依頼します。その結果、トイレに行かないのは、補給している水分以上に汗をかいていたからであることがわかりました。また、汗から電解質が大量に失われているということも。そこでケード教授は汗で失われる電解質を補給するドリンクを開発しました。このドリンクを使い始めた1967年、ゲーターズは初めてオレンジボウルに進出して勝利するという、めざましい成績を上げたのです。このドリンクはチーム名ゲーターズから「ゲータレード」と命名され、スポーツドリンクのさきがけとなりました。現在でも世界シェアナンバー1のスポーツドリンクブランドです。

ひとつの「問いかけ」が大きな市場をつくったのです。

そのためには〝物事をひと通り理解した上で、その枠組みにしばられずに対象を捉えること〟が必要です。

学問の場でも、ビジネスの現場でも、「発問力」はますます重要になってくるでしょう。

あなたも、ぜひ日々の仕事で、「問いかける習慣」をつけてください。

第三章のまとめ

①意見が対立した時や、思いが伝わらない時、効果的な「問いかけ」ができると、一言で視点やその場の空気を変えることができる。

②スピーチやプレゼンの冒頭を質問で始めるのもツカむために有効。

③書籍のタイトルは疑問形のものが多い。これは「人は問いかけられると答えを探す習性がある」から。

④文章の冒頭でツカむのにも問いかけは有効。「ドキッとする問いかけ」「親身に語りかける」「ターゲットを絞る」「二者択一のクイズにする」などいろいろな問いかけ法がある。

⑤これからの時代は「問題解決力」よりも「発問力」が重要になる。

第四章　短答力

——グサッと切れ味のいいコメントを繰り出す

もっとも瞬発力が要求される一言

「一言力」に必要な能力の4番目は「短答力」です。

相手から何か質問された時に短く鋭い答えを言えたり、何かについて意見や感想を求められた時に的確なコメントが言えたりする能力のことをいいます。

「コメント力」と言い換えてもいいでしょう。

一言力の中でも一番、瞬発力が求められる能力です。

ピンチな状況であればあるほど、一言の切り返しが重要になってきます。

中でも政治家は、そのコメントひとつで人気を得ることもあれば、失脚してしまうこともあります。

海外の政治家は、よく気の利いた一言が話題になります。

アメリカのレーガン元大統領は、この気の利いたコメントを発する能力に長けていました。「はじめに」でも取り上げた、モンデールとの大統領選挙の行く末を決めた切り返しの一言などはその好例です。

一般的に、日本人の政治家はこのような切り返しが苦手だと言われています。

しかし、過去の総理にこの切り返しのコメントが非常にうまかった政治家がいました。それが、戦後の混乱期に首相をつとめた吉田茂です。

切り返しの名人吉田茂とその孫

吉田茂の孫にあたる麻生太郎元首相は、その著書『祖父・吉田茂の流儀』（PHP研究所）で、吉田の切り返しのコメントについて書いています。

戦後、フィリピンの使節団が来日しました。戦争の賠償問題の交渉が目的です。ギスギスした雰囲気が予想されましたが、吉田茂は以下のような挨拶で出迎えました。

「ご来日を待ちかねておりました。賠償の支払いは、その原因をつくった側にある、とお考えでしょうね」

これにはフィリピン側の使節団も拍子抜けしてこう答えました。

「その通りです。今度の訪日も、日本軍により大きな被害を受けましたので、賠償金の問題で伺ったのです。今の言葉を聞いて実に安心いたしました」

すると吉田は以下のように切り返したのです。

「我が国は神代の昔から、貴国のフィリピン海域から毎年台風をよこされ、甚大な被害を被っております。今被害額を計算させておりますので、できあがり次第、お送りさせていただきます」

このフレーズに、フィリピン使節団は「一本取られた」と思わず笑ってしまいました。その後の交渉は和やかに進んだといいます。

また終戦直後、日本国民の多くが飢えと闘っていた頃、吉田は連合国最高司令官であるマッカーサーに、「450万トンの食糧を緊急輸入しないと国民全員が餓死してしまう」と訴えました。結局約6分の1の70万トンしか輸入できませんでしたが、餓死者はほとんど出ませんでした。

そこでマッカーサーは、吉田に抗議をしました。

「ミスター・ヨシダ、私は70万トンしか渡さなかったが、餓死者は出なかったではないか。日本の統計はいい加減で困る」

すると吉田は以下のように切り返したといいます。

「当然でしょう。もし日本の統計が正確だったら、むちゃな戦争などいたしません。また統計通りだったら、日本の勝ち戦だったはずです」

このコメントには、マッカーサーも、腹を抱えて笑い出したといいます。

吉田の血をひく麻生太郎は、国内では失言の方がよく取り上げられましたが、国際会議で絶妙のジョークを放ったことがありました。

2008年、内閣総理大臣になってまもなく、麻生が国連総会で演説しました。しかし演説が始まって数分後、通訳の機械が不調でストップがかかり、最初からやり直さなければならない事態になったのです。

普通ならトラブルにうろたえたり不機嫌になったりしそうな場面ですが、麻生はとっさに会場に向けて英語で以下のように言いました。

「It is not Japanese machinery, you know?（これ日本製の機械じゃないからだろ?）」

このジョークは聴衆を大いに沸かせ、会場は拍手につつまれました。

このようにとっさの切り返しができると、国際舞台では評価されます。

オリンピックであの選手の名言

アスリートも「コメント力」が重要です。

特に4年に一度のオリンピックでは、競技を終えたあとの選手のコメントは非常に注目されます。

金メダルを取って晴れやかな顔でしゃべる選手もいれば、敗北の悔しさに耐えて何とかコメントする選手もいます。印象深いフレーズの中には、何年たっても、中には何十年たっても記憶されて語り継がれるものもあるのです。

以下、日本人アスリートで有名なコメントをいくつかあげておきましょう。

「今まで生きてきた中で、一番幸せです」

（岩崎恭子　1992年バルセロナ　競泳女子200メートル平泳ぎ　金メダル）

「初めて自分で自分をほめたいと思います」

（有森裕子　1996年アトランタ　陸上女子マラソン　銅メダル）

「チョー気持ちいい」

（北島康介　2004年アテネ　競泳男子100メートル平泳ぎ　金メダル）

「康介さんを手ぶらで帰らせるわけにはいかない」

（松田丈志　2012年ロンドン　男子400メートルメドレーリレー　銀メダル）

2016年8月に行われたリオオリンピックでも、いくつかの心に残るコメントがありました。中でも私は、体操の「ひねり王子」こと、白井健三選手のコメントに注目しました。

まず、体操男子団体総合で金メダルを取ったあとの言葉。

「『人生で一番心臓に悪い日』と言っても過言ではないんですけど、間違いなく『人生で一番幸せな日』になりました」

これはのちほど説明する、「対句《ついく》」という手法を取っています。さらに一度落としてから上げているので、その落差がフレーズに力を与えています。いわば、一度屈《かが》んでからジャンプしている状態なので、落差が大きくなり、より後半の「幸せ」が強調されるのです。

また白井選手は、同オリンピック種目別跳馬で新技「伸身ユルチェンコ3回半ひねり」を決め銅メダルを取ったあと、以下のようなコメントを残しました。

「つき手を一から見直した。たった3、4秒の跳躍だったかもしれないけど、僕の1年のすべてがつまっています」

こちらも、3、4秒という短い時間と1年のすべてという対比がとても印象深いです。まだ19歳だったにもかかわらず白井選手のコメント力は非常に高いですね。

負けた時、指導者はどうコメントするか?

スポーツでは、負けた時や不本意な結果が出た時にどうコメントするかも重要です。特に監督やコーチなどの指導者のコメントは、その一言によってチームの士気に大きな影響を与えます。

現在、ラグビーのトップリーグ「ヤマハ発動機ジュビロ」の監督をつとめる清宮克幸は、2001年から5年間、早稲田大学ラグビー蹴球部の監督をつとめました。かつての名門も、清宮の就任当時は長らく低迷していました。

清宮が早稲田の監督に就任した年のことです。激しいトレーニングを積み、部員たちも

「自分たちはかなり強くなっているのでは？」と思い始めていた6月のこと。早稲田大学は、関東学院大学と練習試合で対戦しました。

関東学院大学は清宮監督が就任時から一番の目標にしてきたチーム。前シーズンの大学選手権2回戦での敗戦（25－38）のリベンジのチャンス。清宮体制になって初めての対戦ということで、観衆も多く注目した一戦でした。

清宮監督は試合前、「この試合は勝てるぞ」と部員たちを鼓舞しました。部員たちも「おれたちにも勝てるんじゃないか」と思って試合に臨みました。

しかし結果は5－57で惨敗。大きな力の差を見せつけられてしまったのです。部員たちは大きなショックを受けました。自分たちの努力は間違っていたのではないか、という動揺が広がったのです。

そんな中、清宮監督は以下のように部員たちに語りかけました。

「今日の結果はわかっていた。すべておれの予想通りだった。（中略）この差を秋のシーズンまでに埋めていくのがおれの仕事だ。（中略）これでわれわれは本当のスタートラインに立つことができたのだ」

（『「荒ぶる」復活』清宮克幸著　講談社）

このコメントに部員たちの動揺はおさまり、目に光が戻りました。

自分たちが進んでいる道は決して間違っているわけではない、秋にはこの屈辱を晴らすのだと思い直し再び練習に打ち込んだのです。

その結果、早稲田大学は2003年1月、大学選手権決勝戦で関東学院大学を27－22で破り、13年振りの優勝を果たしました。

最初に惨敗した時、清宮監督にとってそれが本当に予想通りだったかはわかりません。もう少し善戦できるイメージもあったはず。でもそこをあえて「予想通りだ」と言い切るコメントをしたことで、部員たちの動揺はおさまったのです。

このように指導者のコメントひとつで、選手たちの士気は大きく変わるのです。

もしあなたが芥川賞を受賞したら？

何か大きな賞を受賞した時のコメントも注目されます。

日本国内で一番注目される賞と言えば、文学賞である芥川賞・直木賞です。

さすがに小説家だけあって、受賞記者会見で述べられるコメントは、視点がおもしろいフレーズが多いのが特徴です。

最近の受賞コメントから、目についたフレーズをいくつか紹介させていただきます。

まず2015年7月の第153回芥川賞。『スクラップ・アンド・ビルド』（文藝春秋）で受賞した羽田圭介の記者会見でのコメントをご紹介しましょう。

ニコニコ動画の記者が、視聴者からの質問を代読しました。それは「26歳無職の僕に何かメッセージをください」というものでした。それに対する羽田の答えは以下のようなものでした。

「それは本を読んでくださいとしか言いようがないです。口で伝えられることは、小説で書かないので。小説でしか書かないことを書いているので、こちらからぜひ読んでくださいとお願いするしかできないです」

ありきたりに「頑張ってください」的なコメントにせず、「本を読んでください」という、小説家にとって一番言いたいけれどなかなか言いにくいコメントをさらりと言っているところが秀逸です。また自らの作品に対する自負も感じられるものになっています。

これはみなさんの仕事でも応用できるフレーズです。

プレゼン等で何か的外れな質問を受けた時など、それに真正面から答えずに、本筋に戻す答えをするのです。

続いて2016年1月の第154回芥川賞です。『異類婚姻譚』（講談社）で受賞した本谷有希子。

記者会見で「4回目の候補で受賞した芥川賞についての思い」を質問され、それに答えたフレーズは以下のようなものでした。

「うーん、芥川賞。エサのように感じる時もありますね。私たちにとって、やっぱり作家にとってエサをまいて、もっと書きなさい、もっと書きなさいって言ってくれてるような感じがあって。で、そのどっちかって言うと取ってどうこうというよりは、そのエサがなかった時にもちゃんと書けるのかなっていう方に、興味というか考えがいきますね」

芥川賞を「エサ」と表現する視点が、ギャップがあってとてもおもしろいですね。

最後に2016年7月の第155回芥川賞。『コンビニ人間』（文藝春秋）で受賞した村田沙耶香。

受賞記者会見では、彼女が実際にコンビニでアルバイトをしながら、小説を書いていることが注目されました。

記者から「今回芥川賞を受賞されたわけですけれども、以後もコンビニバイトは続けていかれるのでしょうか？」という質問があった時、村田は以下のように答えました。

「ちょっと店長に相談しようと思ってますが……可能なら」

「続ける」とも「続けない」とも明言せず、「店長に相談」というフレーズが、リアリティがあるコメントになっています。最後の「可能なら」というのも控えめでいいですね。

実際、この「店長に相談します」というフレーズは、新聞やネットニュースなど、いろいろな記事で使われていました。

また記者からの「この小説を書いていておもしろかったところは？」という質問に対して、村田は以下のように答えています。

「コンビニエンスストアという、自分のなかでは愛着のある場所が、小説家として見つめ直した時に、小説のなかではグロテスクなものになる感じ……それはおもしろかったです」

「愛着のある場所」が「グロテスクなものになる」という対句が、印象深いコメントになっています。

あなたも、自分が何か賞をもらった時に、どのようなコメントをするか、考えてみましょう。

芥川賞のような大きな賞でなくても、社内の小さな賞のイメージでかまいません。

そうやって普段からコメントを考えておくと、「短答力」を鍛えることになります。

あの芸能人のコメント力

テレビを見ていると、この人のコメント力は高いなと思う芸能人の方がいます。

最近、とてもうまいなと思ったのは、BS日テレで放送している『久米書店』での、壇蜜の切り返しのコメントです。

『久米書店』は店主・久米宏、店員・壇蜜という設定で、話題の本の著者を招いてトークを繰り広げるという番組です。マーケティングライターの牛窪恵がゲストで、『恋愛しない若者たち』(ディスカヴァー携書)という本を取り上げた回でした。

番組の冒頭、久米と壇蜜が本をサカナにトークします。

本の中に、「最近の若者はラブホテル代も割り勘」という記述を見つけて驚く壇蜜に、久米が「僕と君がラブホに行ったらどちらが払うのかね」と質問します。

「それはないと思いますよ」とかわす壇蜜に、「万が一だよ」と重ねる久米。

その時、壇蜜が切り返したコメントは以下のものでした。

「文春が払うと思います」

これには久米も、「うまいこと言うね」と答えるしかありませんでした。

これが本当にアドリブか、また台本にあったのかはわかりません。

ただ視点を変えて答えるという意味で、とても秀逸なサンプルです。

この場合、どちらが払うと答えても、さほどおもしろくなりません。そこを、芸能人のスキャンダルを数々スクープしている「週刊文春が払う」、という新しい視点を入れたことで、おっと思うコメントになっているのです。

もうひとつ、壇蜜の切り返しでうまいと思ったコメントを紹介しましょう。

『えひめスイーツコレクション』のイベントで、愛媛産イチゴ「紅い雫《しずく》」のイメージキャラクターである壇蜜が登壇しました。記者質問タイムで、あるリポーターが「最近、若い方が壇蜜さんを追って出てきてますが。橋本マナミさんとか」と、空気を読まない質問をしました。

少し沈黙したあと、壇蜜は以下のようなコメントを返しました。

「ほかのタレントさんのことを公の場で言うのは、みずみずしくないと思います」

イチゴのキーワード「みずみずしい」をうまく使った、絶妙な切り返しでした。

視点と表現の2方向から考える

いくつか有名人のコメントを見てきました。

勘のいい方はもうお気づきになっていることでしょう。

コメントのおもしろさには、「視点がおもしろい」ものと、「表現がおもしろい」ものの2種類があるということに（それが合わさったものもあります）。

例えば、前項の壇蜜のコメント「文春が払うと思います」は、視点がおもしろいコメントです。

一方「みずみずしくないと思います」は、表現がおもしろい（その場のキーワードを使ったという意味で）コメントですね。

「視点がおもしろいコメント」は、個人の資質による部分が多く、一見難度が高そうです。ただ事前に「新たな視線」を準備することで、気の利いたコメントが言える可能性が高まります。

また「表現がおもしろいコメント」についてもいくつかの型があるので、それを事前に知っておくと気の利いたコメントが言える確率は上がります。

「視点」と「表現」は被《かぶ》る部分も多いのですが、ここではそれぞれ、5つと7つのヒントをご紹介しましょう。

「視点がおもしろいコメント」を言うための5つのヒント

①「イタコ」法

コメントする対象そのものや、それに近い立場の人間や物に乗り移った答えをするという手法です。

「人」に乗り移ることは比較的容易にできると思います。例えば以下のように。

「香川さんの立場になったらと思うと、これほど痛快なことはないでしょうね」

「宮崎さんのお母さんの立場になったら、本当にいたたまれません」

人からさらに対象を広げ、「動物」「植物」「食べ物」等の立場にまで乗り移ってコメントしましょう。

例えば「花見」についてコメントする時に、以下のように「桜の木」の立場になって語るのです。

「桜の木の立場になると悲しいですよね。年に10日間だけチヤホヤされて、足元で勝手にドンチャン騒ぎまでされて、あとの355日は知らんぷりでスルーされているんですよ」

さらに生き物ではない「品物」「物体」「物質」などにまで対象を広げていくのです。例えば環境を大きく破壊するような事件が起きた時、地球に乗り移ってコメントするのです。以下のように。

「地球の立場になると『人間、もうええ加減にせえよ！』って思いますよね」

なかなか感情移入しにくいような「物」にまで乗り移ることができれば、ユニークなコメントを言える可能性が高まります。

また同じ人に乗り移るのでも、「時代」「立場」「地域」「国」をズラした人の立場になってコメントするという方法もあります。歴史上の人物などもいいですね。

今までなかったような自社の画期的新商品に対してコメントする場合。

「平賀源内がこの商品を知ったら腰抜かすと思います」

「僕がライバルのA社の営業だったら泣いて悔しがりますよ」

「フランス人が使ったら『やっぱ日本人スゲェ』と思うでしょうね」

など、ズラした立場の人に憑依《ひょうい》すると、いろいろなコメントが浮かぶはずです。

②「なんでも比較」法

とにかく何かと比べることでコメントする方法です。

対象を自分と比べる、対象を別のものと比べる、とにかく何でもいいので何かと何かを比べると、コメントしやすくなります。

対象と自分を比べる。

「へぇー。秋田さんは1カ月に50冊も本を読むんですか。僕なんて1年で5冊しか読まないから比べものにならないな」

自分と比べる場合は、原則、自分の方を落とす比べ方にするのがいいでしょう。

対象と何か別のものを比べる。

「『シン・ゴジラ』は予算はハリウッド版の『ゴジラ』の何十分の1らしいけど、僕には何十倍もおもしろかった。ハリウッド版みたいなベタな家族ドラマがないのがいい」

必ずしも「違い」ばかりに目を向ける必要はありません。「共通点」を探すのもいいでしょう。

「石川さんと私とは、生まれも育ちも教養も違いますが、お笑い好きというのは共通していますね」

このように、何かと何かを比べて、違いや共通点を発見することによってコメントがしやすくなります。

③「ネガポジ変化」法

最初の気持ちと現在の気持ちの変化を語る方法です。

例えば以下のように。

「街中でスマホを見ながらキャラクターを探すゲームなんて、最初はどこがおもしろいんだと思っていました。ただ子供と一緒にやっているうちに自分もハマってしまって、今ではレアなキャラを見つけると、気分がとてもアガるんですよ」

「最初は山口部長に言われて仕方なく参加したプロジェクトでした。でもどうせやるんだったら何とか成功させようと頑張っているうちに本気になってきて、今では無理やり参加させてくれた山口部長にホント感謝してます」

このように、最初はネガティブな感情だったのが、現在はポジティブな感情になった、という流れにすると前向きなコメントになります。

④「自分の庭に」法

何かを語らなければいけない時、自分の得意分野に引き込んでコメントするという方法です。

P48で、元陸上選手の為末大がテレビでコメントをする場合、「スポーツ界での話に置き換える」ということを書きました。

このように、世間にも認知されているような得意分野があれば、すべてのコメントをその世界で表現することも可能です。

認知はされていなくても、自分の得意分野に話を持ち込むと、「そういうものか」と説得力が生まれます。

一般的にたとえ話は、誰もがわかるものにした方がいいと言われています。確かにその通りなのですが、意外にそれって難しいものです。

野球やサッカーなどのメジャースポーツでたとえたとしても、わからない人にはやはりわかりません。

だとしたら、いっそのこと、多くの人がわからないマニアックな得意分野に話を持ち込むのも手です。

鉄道が好きであれば鉄道に。

相撲が好きであれば相撲に。

サザンオールスターズが好きであればサザンに。

強引に引き込んでたとえてコメントするという手法です。

例えば以下のように。

「今回のプレゼンは、相撲の決まり手にたとえると『河津掛け』のようなものです」

当然、「それどういう意味？」「わからない」というツッコミがあるでしょう。

そういうツッコミがあれば、そこから詳しく説明すればいいのです。

何でも強引に自分の庭に持ち込んでコメントできるようになれば、それがひとつのキャラクターにもなります。

あと、自分が知っている蘊蓄《うんちく》でコメントをするという方法もあります。

例えばあなたが下戸だったとします。

「お酒強そうに見えるのに」と言われた時、以下のような蘊蓄でお返しするのです。

「織田信長も西郷隆盛も北島三郎もサンドウィッチマンの二人も、お酒が強そうなのに下戸らしいですよ。強い弱いは見た目じゃないんですよね」

何となく納得してしまう切り返しではないでしょうか？

⑤「流行ベンチマーク」法

世の中で流行っている事象やコンテンツなどを生かす視点で、コメントを考えるという方法です。

前述した壇蜜の「文春が払うと思います」などもこの手法ですね。うまくハマれば、大きな効果を発揮します。

何か流行っている事象があれば、それを頭に置いておいて、いつでもそれに乗っかったコメントをできるようにしておくといいでしょう。

「表現がおもしろいコメント」を言うための7つのヒント

①「段違い平行」法

修辞学では「対句」と呼ばれているものです。

「対句」にはいろいろなパターンがありますが、ここではその2つに段差があるコメントの手法を取り上げます。題して「段違い平行」法です。

２０１３年、スターバックス コーヒー ジャパンが島根県松江市に出店し、その時点で、47都道府県でスタバがない県は鳥取県だけになりました。

その時、インタビューに答えた鳥取県知事の平井伸治は、まさにこの「段違い平行」法の秀逸なコメントを出しました。

「鳥取はスタバはないけど、日本一のスナバがある」

「スタバはない」「スナバはある」というのが対句で平行な表現になっていますが、一方で「鳥取」から「日本一」へと大きな段差があります。

これが「段違い平行」法です。

スナバとはもちろん鳥取砂丘のことです。

ただまったく同じ意味の言葉でも「鳥取はスタバはないかもしれないけど鳥取砂丘があります」では、誰も注目しなかったでしょう。

「段違い平行」法のコメントになっていたから注目されたのです。このスナバ発言は、のちに鳥取県に大きな経済効果をもたらしました。

２０１１年、第３回ＡＫＢ48選抜総選挙で、前年1位の大島優子を破って1位に返り咲いた前田敦子が語ったフレーズ。

「私のことは嫌いでも、ＡＫＢは嫌いにならないでください！」

も、まさにこの「段違い平行」法です。

このようにこの表現法を使うと、印象に残るコメントが生まれやすくなります。

②「V字回復」法

最初にネガティブなことを言ってドキッとさせてから、次に上げて褒めるというコメント手法です。

例えば、あなたが新潟のローカルアイドルNegicco《ねぎっこ》が好きだとします。

誰かに「Negiccoが好きなんですか?」と質問されたとして、普通に「好きです」と答えるよりも、以下のようにコメントするとより印象に残ります。

「いえ、私はNegiccoのことを『好き』ではありません。『大好き』なんです」

例えば、映画の感想を言う時、普通によかったと言うよりも、以下のようにコメントすると強い褒め言葉になります。

「『君の名は。』、今年最低の一本です。おもしろすぎて何度も観たり聖地巡礼をしたりして、僕の貴重な時間を奪ってしまうだろうから」

このように最初にネガティブなことを言って下げてから、V字回復でポジティブなことを言うと、強いコメントが生まれるのです。

2016年8月、リオパラリンピックを控えて、日本財団パラリンピックサポートセンター顧問のマツコ・デラックスと、パラリンピックアスリートの浦田理恵、辻沙絵、別所キミエの3人の対談が新聞に載りました。

3人との対談を総括してのマツコのコメントは、言いにくいことをまず言うことで、非常に印象深いものでした。

「まあ、みんなそろって強情で見えっ張り（笑）。メダルを取るためには、強情、欲深さが大事なんだと改めて感じたわ」

このあと、「うれしかったのは、みんなすっごい幸せそうに見えたこと」と褒めるフレーズが出てくるのですが、パラリンピックアスリートに「強情で見えっ張り」という言いにくいことをまず言ってから褒めるという、見事な「V字回復」法でした。

③「最上級」法

一番や最高を強調することで、印象に残るコメントをするという手法です。

例えば、高級店でお鮨《すし》をご馳走になった時。

「ご馳走様でした。今まで食べた中で一番おいしいお鮨でした」

などとコメントすると、相手は「ご馳走してよかったな」と思うものです。

「人生で一番ドキドキした」「今年一番ハラハラした」「会社に入って一番びっくりした」

などといろいろな「一番」の使い方があります。

「一番」という言葉を使わなくても、「最高の瞬間」「夢のような時間」などの言葉も汎用性があります。

例えば会社でまわりの人に祝ってもらうイベントがあれば、以下のようにコメントするのです。

「みなさんのお蔭で、25年の会社生活で最高の瞬間になりました！」

本当に感情が盛り上がっていることが、まわりにも伝わります。

④「同語反復」法

同じ言葉をパターンにそって繰り返す（同語反復）ことで、意味が強調されたり複雑な味わいになったりして、印象的なコメントになります。

以下のフレーズのように。

「好きだから好き」

「いいからいい」

例えば、何かの企画をプレゼンした時、相手から「それって意味があるのかね？」と質問された時のことを想像してみてください。

もちろん、相手が納得できるようなロジックで返すのが理想ですが、「意味はちゃんとありますよ」と感情的に反論しても、相手もますます意固地になる可能性が高いでしょう。

そんな時、以下のような答えをしてみるのです。

「この企画は『意味がないことに意味がある』と考えてください」

少なくとも感情的に泥沼化するのは避けられるでしょう。

⑤「比喩・たとえ話」法

「比喩」や「たとえ話」をうまく使うことによって、印象深いコメントにするという手法です。

例えば、本の帯や広告などで使われる推薦のコメントなどで、秀逸な比喩が使われていると思わず読んでみたくなります。

最近、うまいなと思った比喩は、『砕け散るところを見せてあげる』（竹宮ゆゆこ著　新潮文庫nex）の広告ポスターに載っていた、モデルでキャスターの市川紗椰《さや》のコメントでした。

気が付かない内に、
凄い場所に連れて行かれる。
想像を絶する展開に

胸を突かれる。

まるでひき逃げにあったよう。


最後の行の「ひき逃げにあった」という比喩は、それだけでハッとさせる、本を読みたい気持ちにさせる力があるコメントですね。

比喩を使う手法は、第六章の「比喩力」で詳しく解説します。

⑥「数字」法

数字を使うと、コメントが印象深くなります。

スティーブ・ジョブズはプレゼンの場だけではなく、普段から数字を使うのがうまかったといいます。『スティーブ・ジョブズ 驚異のイノベーション』（カーマイン・ガロ著 日経BP社）には、ジョブズが、普段の仕事でも数字使いの名人だったことがわかるエピソードが、いくつも紹介されています。

例えば以下のようなものです。

（Macの起動時間が長いことが気に入らず、デザイナーに改善を求めて）

「このマシンをいったい何人の人が買うかわかっているのか？　何百万人だぞ？　起動時間を5秒短くできたらどうなる？　毎日、5秒かける何百万もの違いになる。50人分の人生に相当する時間だ。5秒の短縮で50人分の命が救えるようなものなんだ」

（iTunesストアで1曲あたり99セントが高い、という意見に対して）

「99セントというのは、どのくらいのお金だろうか。今朝、スターバックスでラテを買った人はどのくらいいるかな？　ラテは1杯が3ドル。それだけあれば、3曲買える。世界全体では、今日1日でいったい何杯のラテが売られているんだろうね」

（アップルストアが一等地にある理由を語って）

「地価がずっと高くなってしまうけど、その価値はある。お店に来るのに20分もの時間を使う必要がなくなるからだ。20歩歩くだけでいい」

いずれも具体的な数字を使うことで、説得力が上がっていることがわかるでしょう。もちろん文章で冷静に読めば詭弁《きべん》だと思われることもありますが。

本章の前半でそのコメント力をお伝えした、体操の白井健三選手。

彼のコメントは数字をうまく使っていることが特徴です。

リオオリンピック本番だけでなく、日本に戻ってきてからも、数字を使った秀逸なコメントがありました。

それは2016年8月24日に行われた、帰国したオリンピックメダリストたちの記者会見の席上でした。ひと通り質疑応答が終わったあと、当日が白井選手の20歳の誕生日であることが、司会者から発表されました。それを受けてコメントを求められた白井選手の発言は、以下の通りでした。

「10代最後の試合がオリンピックだったので、良い結果と良い演技ができたことにとても感謝しています。きょうから20代が始まりますけど、30歳の誕生日の時に後悔がなかった20代だったと言えるように、また10年間頑張っていきたいと思っています」

「10代最後」「20代が始まる」「30歳の誕生日」「10年間」というように、いくつもの数字を駆使しています。即興でコメントを求められて、これだけ数字を使えるというのは、白井選手の短答力、おそるべしです。

⑦「キーワードのっかり」法

その場でキーワードになる言葉、前の人がしゃべった言葉、その時の空気などにのっかってコメントするという方法です。

P116で紹介した壇蜜の、「ほかのタレントさんのことを公の場で言うのは、みずみずしくないと思います」というコメントは、まさにこの手法ですね。

キーワードだけでなく、その場の誰もが思っているけれど言っていないようなことを言葉にすると、大きな共感や笑いに結びつくことがあります。

それでも困った時の対処法

①「質問返し」法

質問に質問で返すという方法です。

抽象的で答えるのが難しい質問が来た時に「それはこういうことですか？」というふうに、具体的に細分化して意図を確認していくのです。

②「ムチャ振り」法

「その質問に対しては僕より福島さんの方が詳しいかもしれませんね」といったふうに、自分以外の誰かに振ってしまう方法です。

③「よくわかりませんが」法

まずは「よくわかりませんが」と前置きして、思いついたことを語っていくという方法です。とりあえずしゃべっているうちに、頭が整理されてくることはよくあるので、そんな時は「わかりました」などと言ってから、短くまとめるようにします。

第四章のまとめ

①「短答力」は瞬発的にコメントができる能力。ピンチな状況であればあるほど重要になってくる。

②政治家や指導者は、ピンチの時の切り返しによって真価が問われる。

③コメントのおもしろさは「視点がおもしろい」と「表現がおもしろい」に二分される。

④「イタコ」法、「なんでも比較」法、「ネガポジ変化」法、「自分の庭に」法、「流行ベンチマーク」法などを使うと「視点がおもしろいコメント」を言いやすくなる。

⑤「表現がおもしろいコメント」は、「段違い平行」法、「V字回復」法、「最上級」法、「同語反復」法、「比喩・たとえ話」法、「数字」法、「キーワードのっかり」法などを使うとよい。

第五章　命名力

――名づけることは、命を吹き込むこと

名前が変われば売り上げも変わる

「一言力」に必要な能力の5番目は「命名力」です。

〝興味をひく名前をつける力〟のこと。

「ネーミング力」「タイトル力」「造語力」とも言えます。

「名前」はその人や物を表す「顔」とも言える、重要なポイントです。的確な名前をつけることで、長々と説明しなければならないことを、ずばり言い表すことができます。まさに「一言力」に必要な能力です。

ビジネスの現場であれば、商品名、会社や店の名前、部署の名前、チーム名、メニュー名、イベント・プロジェクトの名前、企画書・番組・書籍などのタイトル、抽象概念や社会現象など、いずれも名前のつけ方ひとつで印象は大きく変わります。

商品名が変われば、売れ行きにも大きな影響を与えるのです。

実際にそれまであまり売れなかったのに、名前を変えたことで大ヒットした商品例は数多くあります。

例えば、高級保湿ティッシュ市場をつくった王子ネピアの「鼻セレブ」。

もともとは「モイスチャーティシュ」という名前で、1996年に売り出されたものです。しかしシェアはなかなか増えませんでした。

2004年、王子ネピアは「鼻」だけに使う「高級ティッシュ」として売り出そうとリニューアルを決意。広告代理店にネーミングと新たなパッケージ案を依頼します。

提案されてきた中の一案に、「鼻セレブ」というネーミングと、白いフワフワした動物のパッケージデザイン案がありました。

一見ふざけたネーミングやデザインに社内のほとんどの人間は反対しましたが、担当者のひとりが「これだ！」と直感。半ば強引に採用しました。

そして「鼻セレブ」の名前で販売にこぎつけたところ、大ヒットします。

売り上げは3割以上増え、それまで1ケタだったシェアもまたたく間に20%を超えました。ブランドも確立し、マスクなど関連商品も発売されました。また2箱セット3000円の超高級ティッシュ「超鼻セレブ」をネットで発売すると、限定3000セットが即日完売するなどの話題にもなったのです。

日本野球界最大のヒット商品とは？

２０１６年、日米通算４２５７本安打のギネス世界記録、メジャー通算３０００本安打を達成したイチロー。

彼も名前を変えたことで大ヒットした「商品」です。

イチローの本名は鈴木一朗。１９９１年、オリックス・ブルーウェーブに入団しましたが、１年目２年目は、一軍に定着できませんでした。

94年、監督に仰木彬《おおぎあきら》が就任。鈴木の打撃センスを見抜き、レギュラーに抜擢し売り出すことを決めました。本名の「鈴木一朗」のままでは平凡で目立たないと、仰木は登録名を「イチロー」に変更することを提案し、本人も受け入れます。

それまで外国人が、読みやすいように登録名を変えることはありましたが、日本人がカタカナの登録名にしたのはイチローが初めてでした（同じチームの佐藤和弘も、同時に「パンチ」というカタカナ登録名になりました）。

改名したイチローは、開幕からレギュラーとして大活躍。その年、日本プロ野球史上初のシーズン２００本安打を達成。首位打者のタイトルとともに打者としては史上最年少でのシーズンＭＶＰを獲得し、大ブレイクしました。

日本野球界最大のヒット商品「イチロー」の誕生です。

もちろん、名前を変えなくても大活躍した可能性は高いでしょう。

ただ、もし「イチロー」が「鈴木一朗」のままだったらと想像してみてください。

ここまで親しみを持って名前を呼ばれる、記録にも記憶にも残るスーパースターになれていたでしょうか？

この答えは神のみぞ知るですね。

「iPS細胞」のiはなぜ小文字なのか？

命名力はビジネス以外の分野でも重要です。

学術研究などでも、成果物や発見にどのような名前をつけるかによって、多くの人に認知してもらえるかが決まります。ひいては研究費の獲得にも大きな差が出ます。

2012年にノーベル生理学・医学賞を受賞した、京都大学の山中伸弥教授。彼の最大の業績は「iPS細胞」の作製です。iPSとは、人工多能性幹細胞（induced pluripotent stem cell）の英語の頭文字を取ったもの。

ではなぜ、最初の「i」の文字が小文字なのでしょうか？

山中教授は、発見した細胞に名前をつける時に、できるだけ広く世界に普及する名前にしたいと考えました。

それまで日本人が発見した細胞や遺伝子であっても、無味乾燥な命名をしたことで普及せず、あとから欧米の研究者がセンスのあるネーミングをしたことで、そちらの名前が一般化することがよくあったのです。

そこで山中教授は、当時、世界的に大流行していたアップル社の『iPod』からヒントを得て、最初の文字を小文字にすることを思いつきました。アメリカの研究室でアップルユーザーが多かったことも念頭にありました。

確かに「IPS細胞」ではちょっと堅いですが、「iPS細胞」と命名したことでクールなイメージになっています。

その結果、「iPS細胞」の名前は、アメリカの研究者たちも使用するようになり、世界的に普及したのです。

研究の中身が重要なのは言うまでもありませんが、普及していくには、どのような名前をつけるかも非常に重要な要素になってきます。

「支持政党なし」の衝撃

政治の世界でも、名前を変えたことで急速に支持を広げている政党があります。それが「支持政党なし」です。

2016年7月の参議院選挙では、比例代表で64万票あまりを獲得。議席こそ取れませんでしたが、各種メディアでその躍進が大きく取り上げられました。

「支持政党なし」の政策は、「政策一切なし」。法案ごとにインターネット上で国民から可否を投じてもらい、その意見にしたがって議決権を行使するといいます。

代表の佐野秀光は、複数の会社の経営者で、2009年頃から政治活動を始めました。当初の政党名は「新党本質」。続いて「安楽死党」。そして2013年7月「支持政党なし」を設立します。

以前の政党名の時は、政策をきちんと話すと理解してくれる人はいても、候補者やボランティアはなかなか集まりませんでした。当然、得票数も伸びません。ところが「支持政党なし」という党名にして「政策一切なし」と掲げると、苦労していた候補者やボランティアが急に集まりやすくなり、得票数も飛躍的に伸びました。

もちろん「紛らわしい名称で有権者の誤認に便乗しようとしている」「政策一切なしというのは有権者に非礼だ」などという批判はあります。

ただ「それぞれの法案ごとに国民の可否の意思は異なるはず。政党に一括でおまかせにしていては、国民の意思が正当には反映されない」という主張には一理あります。

自分の主張はすべて引っ込めて、有権者の代弁役に徹したことで、急速に支持を得るようになったというストーリーも、ビジネスのヒントになるでしょう。

「命名力」という観点からも、非常に巧妙なネーミングだと言えます。

名前を変えて概念を変える

名前によって、商品の価値や概念ががらりと変わってしまうことがあります。

例えば「近大マグロ」。

和歌山にある近畿大学水産研究所が32年の歳月をかけて開発に成功した、完全養殖のクロマグロ（本マグロ）の名前です。

近大マグロを中心に水産研究所で養殖された魚の料理を提供する、養殖魚専門料理店「近大卒の魚と紀州の恵み　近畿大学水産研究所」（大阪梅田・東京銀座）は、開店から3

年たった今でも予約がなかなか取れないほどの盛況です。水産養殖のパイオニアである近畿大学が、クロマグロを始めとする天然水産資源の減少がますます危惧される中、社会に対して率先して養殖魚の価値を問うという大義から出店されたものです。

天然魚と養殖魚を比べると、天然の方が価値が高いというのが、これまでの常識でした。その価値観を覆したのが「近大マグロ」という名前です。

例えば「完全養殖マグロ」では、価値観を変えることはできなかったでしょう。それを「大学名」と「魚の名前」を組み合わせた斬新なネーミングをすることで、価値観を変えたのです。

また、店の名前を養殖魚専門料理店「近畿大学水産研究所」としたところも、価値観を変えた大きなポイントです。当初、実際の研究所の名前と紛らわしいし、飲食店っぽくないと反対意見が多かったのですが、ふたを開けてみると、店名のインパクトで大きな話題になりました。

そんな近畿大学が、名前を変えて新しい価値観をつくろうと試みている食材があります。

それがナマズです。

ランチに食べたいのはどっち?

想像してみてください。

夏の暑い日、あなたは上司からランチに誘われました。

何に連れていってくれるのかと思ったら、上司が次のように言いました。

「ナマズ丼食べに行こうか?」

あなたはどう思ったでしょう?

「え? ナマズ? そんなの食べられるの? 泥臭そう……」

あまり食べたいと思わなかったに違いありません。

ではもし、こんなふうに誘われていたらどうでしょう?

「ウナギ味のナマズ丼食べに行こうか?」

同じように「?」の気持ちはあったとしても、ウナギ味という言葉に匂いや味のイメージがわき、好奇心がそそられて食べたいと思ったのではないでしょうか?

同じ食べ物でも、名前ひとつでイメージが大きく変わるのです。

「ウナギ味のナマズ」は、近畿大学が2016年夏に大々的に売り出したものです。

あなたも、ニュースでご覧になったかもしれません。

仕掛け人は同大世界経済研究所の有路《ありじ》昌彦《まさひこ》教授。農学部在籍時代にウナギの養殖業者から、資源枯渇が危惧され価格も高騰しているウナギに代わる食材開発を依頼されたのが、きっかけでした。6年の歳月をかけ最終的にナマズにたどり着き、試行錯誤ののちに、ウナギに味も食感も近い「ナマズの蒲焼」を開発しました。

これがただ「ナマズを食べてください」では話題にならなかったでしょう。「ウナギ味のナマズ」と売り出したことで、「どんな味だろう?」と多くの人に興味を持たせたのです。

名前がナマズの概念を変えたのです。

2016年土用の丑の日に向けて、近大はスーパーのイオンと提携し、「なまずの蒲焼」として売り出しました。また 格安航空会社のピーチ・アビエーションの機内食に採用されました。

ただのナマズでは、このようなことは起きないでしょう。「ウナギ味のナマズ」だからこそ広がるのです。

会社は業務に見合った名前を

「名は体《たい》を表す」という言葉もあるように、名前は、その中身や性質を表すものです。ビジネスをしていく上では、会社名もとても大切です。

私は地方で講演をする際、多くの中小企業経営者と名刺交換する機会があります。

困るのは、名刺を見て、どんな業種でどんなビジネスをしているかまったくわからない会社が非常に多いということです。

その時は説明されたとしても、後で見るとまったくわかりません。

大企業であればともかく、中小企業でそれは非常にもったいないです。たとえ、企業間取り引きが主の会社であっても同じ。知らない間に大きな損失を出しています。

小さな会社は、業種や業務内容がすぐにわかる会社名にするべきです。

逆に規模が大きくなって、会社名とは実態が合わなくなっているのに、創業当時のままの名前の会社も、またもったいないです。

こちらもまた大きな損失を出しています。

例えば、以下にあげたのは、現在有名になっている企業の前身の社名です。

どこの会社か、わかるでしょうか？

山梨シルクセンター
福音商会電機製作所
山形屋米店
龍門パン製造所
松尾糧食工業
フロンティア製茶
日賀志屋
中村製作所
BackRub
Blue Ribbon Sports

答えは……

山梨シルクセンター→サンリオ

福音商会電機製作所↓パイオニア
山形屋米店↓紀文食品
龍門パン製造所↓エースコック
松尾糧食工業↓カルビー
フロンティア製茶↓伊藤園
日賀志屋↓エスビー食品
中村製作所↓ナムコ
BackRub ↓グーグル
Blue Ribbon Sports↓ナイキ

それぞれ、もとの企業名なら、ここまで認知されていなかったでしょう。
あなたの会社の名前は、今のままで大丈夫ですか？

プロジェクトに名前を！

何か新しいプロジェクトや企画を立ち上げる時、名前は重要です。

プロジェクトに命名することは、ある意味、命を吹き込むことです。
うまく命名することができれば、メンバーはそのプロジェクトに愛着を感じます。その結果、士気も高まり、よい結果を生み出す確率が高くなるでしょう。

欧米では、戦争の作戦名や国家プロジェクトなどに、「地名」「神話の神」「天体」「動植物」「鉱物」「人名」などから取った名前をつけることがよくありました。

地名がついた計画で有名なのは、「マンハッタン計画」です。

第二次世界大戦中、ドイツの原子爆弾開発に対抗し、アメリカ、イギリス、カナダが原子爆弾開発・製造のために、科学者・技術者を総動員した計画です。計画の名は、当初、その本部がニューヨーク・マンハッタンに置かれていたことにちなんで、つけられました。

アメリカ航空宇宙局（NASA）による月への有人宇宙飛行計画「アポロ計画」は、ギリシャ神話の太陽神アポロンにちなんで名づけられました。アポロ計画の前に実施されていた有人宇宙飛行計画である「マーキュリー計画」も、ローマ神話に登場する旅人の守護神メルクリウスの英語読みであるマーキュリーから名づけられました。

1944年7月20日、未遂に終わったヒトラー暗殺の作戦名は、「ヴァルキューレ（ワルキューレ）作戦」でした。作戦名は、ワーグナーのオペラ『ニーベルングの指環《ゆびわ》』に登場する北欧神話の女神ヴァルキューレからつけられました。

このように、欧米では、神話から計画名や作戦名を取ることも多いです。

2011年3月11日の東日本大震災では、アメリカ軍が行う災害救助・復興支援の作戦名は「トモダチ作戦（Operation Tomodachi）」でした。これはもちろん、日本語の「友達」に由来しています。

同じく東日本大震災後の電力需要が切迫していた時に、ネット上で自然発生的に広まった非公式の節電キャンペーンは、「ヤシマ作戦」と名づけられました。この作戦名は人気アニメ『新世紀エヴァンゲリオン』に出てきた作戦名に由来します。

同じ節電をするのでも、「ヤシマ作戦」のように名づけると、やる気がわきます。

あなたの会社でも、平凡なプロジェクト名を何か別の名前に変えてみましょう。メンバーの士気が変わってくるかもしれません。

例えば

「職場環境改善プロジェクト」

↓

「パラダイス計画」

「オフィス桃源郷作戦」

のように。

平凡な会議名なども見直してみましょう。

例えば
「定例会議」→「いいこと報告会」

「商品開発会議」→「『ヒットの芽』育成プロジェクト」

のように。

普通だった会議が、名前によって活性化するかもしれません。

ネーミングの基本「3つのS」とは?

一般的にプロジェクトに名前をつける際には、あまり複雑でわかりにくい名前は避けた方がいいでしょう。わかりやすいことが何より優先されるべきです。

前述したように「地名」「神話の神」「天体」「動植物」「鉱物」「人名」などから取ったり、「小説」「漫画」「ドラマ」「映画」「音楽」「タレント」「リーダー」などの名前からつけるのもいいでしょう。

では、商品やサービスなどのネーミングはどのように考えたらいいでしょう?

まずは以下の「3つのS」を基本に考えましょう。

①ショート short――短い名前にする。できれば7字以内が理想。

②シンプル simple――わかりやすく覚えやすい名前にする。

③ストレート straight――まっすぐ機能等を訴える名前にする。

「難しい」「読めない」「複雑」などのネーミングは避けましょう。

実際の商品をネーミングする際には、商標登録の問題もあります。

名前のつくり方も、本一冊でも足りないくらいの方法があります。

前述した「3つのS」の原則の正反対で考える方法もあるでしょう。

飲食店のメニュー名などは、そっけないものが多いので、地名や形容詞をつけて長くするという手もあります。

ここでは、ネーミングの基本になる手法のいくつかを、小林製薬の商品名をもとに考察していきます。

なぜ小林製薬の商品名なのか？

理由は、小林製薬の商品名がベタですが非常にわかりやすく、ネーミングの基本を学ぶにはとてもいい教材だからです。

ドロドロ開発で泥臭く

小林製薬は商品のネーミングを非常に重視しています。

「〝あったらいいな〟をカタチにする」というブランドスローガンのもと、今まで市場になかったニッチな製品を開発しているため、わかりやすく「何をしてくれる商品か」を伝えないと、消費者は目にとめてくれないからです。

ネーミング会議は、開発チームの担当者同士が膨大な数から絞り込んでいきます。ドロドロと意見を戦わせながら泥臭く取り組むために、通称「ドロドロ開発」と呼ばれているそうです。そこで決まったネーミングが、社長決裁を経て世に出ます。

以下、小林製薬の主な商品名を勝手に分類してみました。

①機能そのまま型

まさに商品機能をそのままネーミングしたもの。「○○洗浄中」のように状況描写をするパターンもあり。

糸ようじ
あせワキパット
トイレその後に

チン！してふくだけ
髪の毛集めてポイ
コリホグス
ポット洗浄中
ステンレス水筒洗浄中

②足し算型

用途や効用を足したネーミング。文字が重なると省略したり、変化させたりして、語呂をよくする工夫も多々見られる。

熱さまシート（熱をさます＋シート）
ケシミン（消す＋シミ）
のどぬ〜る（のど＋塗る）
サカムケア（さかむけ＋ケア）
ブレスケア（息＋ケア）

キズアワワ（傷＋あわで消毒する）
ブルーレット（ブルーの水が流れるトイレット）

③用途＋語感型

用途はわからせつつ、語感優先で何かの言葉をつけたもの。

ボーコレン（膀胱炎治療薬）
アイボン（眼病予防薬）
ズッキノン（ズキズキ　のん）
カゼピタン（カゼの諸症状をピタンととめる）
ナリピタン（耳鳴り改善）
ナイトミン（睡眠改善薬）
ビフナイト（美皮膚夜）
ビスラットゴールド（美すらっと）

いかがでしょう?

そのほとんどが、前述したネーミングの基本「3つのS」を満たしていることがわかるでしょう。

おしゃれっぽいけどわかりにくい名前よりは、よほど記憶に残ります。

あなたが何か商品のネーミングをする時に、ぜひ参考にしてみてください。

抽象的概念に命名し造語をつくる

世の中の現象や抽象的概念に新たな名前をつけると、長々と説明しなければいけないことを一言で表現できます。いわゆる「造語」です。

「造語」がうまくハマれば、社会的に認知されていくこともあります。

例えば2009年頃に流行った「草食(系)男子」「肉食(系)女子」などもそうです。

草食男子――自分から異性をガツガツと求めない男性
肉食女子――受け身ではなく自分から恋愛に積極的な女性

このような性格を持った男性や女性のことを、いちいち説明しようとすると煩雑です。「草食男子」「肉食女子」と命名したことにより、その言葉を使えばすぐに内容を理解してもらえるようになりました。

また自分自身の「体験」「考え」「発見」を抽象化して名前をつけることによって、オリジナルの「法則」「教訓」「原則」として世に問うこともできます。

私は２００９年に刊行したデビュー作のビジネス書で、多くの人が思わず感動してしまう物語の法則を「ストーリーの黄金律」と名づけました。

内容的には、物語の制作に携わっている者なら、体験的には誰もが知っていることでした。ただそれを改めて3カ条に言語化し、「ストーリーの黄金律」という名前をつけたことが重要だったのです。

この法則は、その後、いろいろな書籍・新聞・雑誌等で数多く引用されています。

極端に言えば、私が現在、このように本を書き続けることができているのは、「ストーリーの黄金律」のお蔭です。

あなたも自分が発見した「体験」「考え」「発見」を抽象化して、名前をつけてみましょう。世界が変わるかもしれません。

以下、「造語」をつくるテクニックを5カ条プラス1にまとめてみました。

抽象的概念の造語テクニック5カ条プラス1

①短縮型

もともとあった言葉を縮めることで「造語」にするテクニックです。

・イケメン——顔が美形な男性に用いる言葉。「イケてるメンズ」の略。もしくは「イケてる面」の略とも。1999年、ギャル系雑誌『egg』で使われたのがルーツと言われる。

・アラサー——30歳前後の女性（現在は男性も含む）に用いる言葉。和製英語の「around thirty（アラウンド・サーティー）」の略。2005年、女性雑誌『GISELe』が使い始めたと言われる。

・婚活——結婚するために行動する「結婚活動」の略。社会学者の山田昌弘が用いたのが始まりだと言われる。

他にも「セクハラ（セクシャルハラスメント）」「スマホ（スマートフォン）」「ガラケー（ガラパゴス化した日本の携帯電話）」「メタボ（メタボリックシンドローム）」「ドタキャン（土壇場でキャンセル）」「合コン（合同コンパ）」など、既に一般用語と認知された、数多くの省略形造語があります。

②足し算型

言葉と言葉を組み合わせることで「造語」にするテクニックです。それぞれは普通の言葉でも、それが合わさることによって化学反応が起こり、ユニークな造語になることがあります。

・マイブーム――「my（私の）」と「boom（流行）」を組み合わせた和製英語の造語。「自分の中だけで流行していること」という意味で使用される。イラストレーターのみうらじゅんが考案。１９９７年の新語・流行語大賞入賞。

・親孝行プレイ――「親孝行」と「プレイ」を組み合わせた同じくみうらじゅんの造語。

「最初は偽善でもかまわない。心は後からついてくる」という考えのもと、親孝行を「プレイ」と名づけることで恥ずかしさを軽減させるフレーズになっている。

・カープ女子——プロ野球球団広島東洋カープファンの女性のこと。カープと女子を組み合わせた造語。２０１３年、「首都圏で女性のカープファンが急増」という話題をＮＨＫニュースが取り上げたことで　急速に広まった。

他にも「クールビズ」「ゲリラ豪雨」「爆弾低気圧」「帰宅難民」「風評被害」など、既に一般用語と認知された、数多くの組み合わせ型造語があります。

③頭文字型

言葉の頭文字をつなげて略すことで「造語」にするというテクニックです。同じ言葉が、アルファベットだけで表示されると新鮮な言葉になることがあります。

・ＩＤ野球——１９９０年に野村克也がヤクルトの監督に就任した時に掲げたスローガンで、「データを重視する野球」という意味。ＩＤとは「Important Data」の頭文字を取って略したもの。

・ＫＹ——空気読めない（Kuuki Yomenai）の頭文字の略。もともとはネット用語で、２００７年頃から数年間、爆発的に流通した。

・ＪＫ——女子高生（Joshi Kōsei）の頭文字の略。こちらももともとはネットスラングだったものが、「ＪＫビジネス」などといった形でマスメディアでも使われるようになった。

・ＣＡ——旅客機の客室乗務員。和製英語 Cabin Attendant の頭文字の略。

④借り物・語呂合わせ型

よく使う用語の一部を借りたり変更したりすることで、新しい言葉にする造語の手法。その多くは語呂がいいことも特徴。

・アベノミクス——２０１２年、第二次安倍晋三内閣が掲げた経済政策。安倍の名前と英語で経済を意味する「エコノミクス（economics）」を掛け合わせたもの。アメリカ元大統領のロナルド・レーガンの経済政策である「レーガノミクス」をもじっている。

・ブッチホン——1999年、当時首相だった小渕恵三が、自ら直接いろいろな人間にかけた電話を総称した言葉。プッシュホンからのもじりで、小渕の「ブチ」と「テレフォン」を組み合わせた造語。

・琴バウアー——2016年、初場所で優勝した大関・琴奨菊《ことしょうぎく》が、取り組み前に大きく身体を反るルーティンにつけられた造語。フィギュアスケートにおける反り返る演技レイバックイナバウアーに似ていることからもじってつけられた。

⑤二匹目のどじょう型

流行した造語から別の造語をつくるという手法です。元ネタがあるので比較的つくりやすく、流通もしやすくなります。

・終活——遺言・葬儀・墓など「人生の終わりのための活動」の略。元ネタは「就活」「婚活」など。類似の言葉に「妊活」「朝活」「保活」「離活」などがある。

・マタハラ——マタニティハラスメントの略。職場において妊娠や出産をした女性に対して行われる嫌がらせ等を指す言葉。元ネタは「セクハラ」。類似の言葉に「パワハラ」「モラハラ」など。
・イクメン——育児に積極的に関わる父親のことを指す造語。イケメンから転じてつくられた。同じくイケメンから派生した言葉に「ブサメン」「キモメン」「イケダン」などがある。

プラス1
以上、造語のテクニックの代表例を5カ条で見てきました。社会現象などに名前をつける時に役立ちます。
ただし、自分自身の「体験」「考え」「発見」を抽象化して名前をつける時には、このような造語テクニックよりも、より単純なネーミングの方が浸透しやすくなります。
前述した「ストーリーの黄金律」のように、「○○の法則」「○○理論」「○○の定理」「○○のルール」「○○プラン」「○○症候群（シンドローム）」のような名前をつけるといいでしょう。

「目口耳脳心」チェック法

商品であれプロジェクトであれ抽象的概念であれ、何かしらの名前をつけた時、以下の「目口耳脳心」の5つの視点からチェックしましょう。

①目でチェック
　文字として見た時に、わかりやすくバランスがいいか？
②口でチェック
　口で言ってみた時に、言いやすいか？
③耳でチェック
　耳で聞いた時に、スムーズに聞こえ心地がいいか？
④脳でチェック
　商品等の特性をきちんと表しているか？
　一度聞いただけで記憶してもらえるか？
⑤心でチェック
　その商品名が、会社のカラーや品性等に合っているか？

このチェックで大丈夫であれば、まずは第一段階クリアです。
実際に商品として発売するのであれば、商標の問題などをクリアする必要があります。

第五章のまとめ

①名前は人や物の顔。的確な名前をつけることで、長々と説明しなければならないことを、ずばり言い表すことができる。

②名前によって、商品の価値や概念ががらりと変わってしまうこともある。

③小さな会社は、業種や業務内容がすぐにわかる会社名に。大企業になって会社名と実態が合わなくなった時は、名前を変えた方がいい。

④ネーミングの基本は「3つのS」。ショート・シンプル・ストレート。

⑤抽象概念に名前をつける造語テクニックは5カ条プラス1で。

第六章　比喩力

――相手が腹落ちする的確なたとえを瞬時に言う技

比喩を制するものは、選挙を制す

「一言力」に必要な能力の6番目は「比喩力」です。

何かを説明する時、別の何かにたとえて表現することです。話し言葉においても、書き言葉においても、うまい「比喩」を使える人は、一目おかれます。

うまいたとえ話があると、本来長々説明しなければならないことが、シャープにまとめられます。つまりわかりやすくなるのです。

また、多くの比喩は、頭の中に映像が浮かびイメージしやすくなるので、受け手に心地よい印象を与えます。

また、その表現が斬新だと、人に発見を与えることができます。

「断言力」同様、優れた政治家・宗教家・経営者が「比喩力」の名人であることが多いのはこのためです。

2016年7月に実施された東京都知事選は、この「比喩力」によって勝負が決したと言っても過言ではありません。

同年6月、舛添要一知事の辞任を受け、新知事を選ぶ選挙が実施されることが決まります。告示の2週間前、いち早く小池百合子が立候補を表明しました。その記者会見で以下の発言が出ました。

「崖から飛び降りるつもりで、その覚悟で挑戦したい」


実際に飛び降りるわけではないので、冷静に考えれば、これはただの比喩です。

しかし翌朝の新聞やネットニュースの見出しでは、ほとんどでこの「崖から飛び降りる覚悟で」というフレーズが使われていました。そしてこのフレーズが都知事選の行方を決めてしまったのです。

その後、立候補を検討していた増田寛也が「スカイツリーから飛び降りるくらいの覚悟が必要」、石田純一は「ヘリコプターから飛び降りるようなもの」という表現を使いました。厳しい言い方をすると、「崖から飛び降りる覚悟で」という比喩にのっかってしまった時点で、勝負はついていました。あとから出てくる候補は、まったく別の比喩を使って空気をリセットする必要があったのです。

選挙戦で小池陣営は、自陣のテーマカラーである緑を「百合子グリーン」と名づけました。この「命名力」は見事です。ただの「緑」という色に自身の名前をつけることで意味を持たせたのです。また「演説に緑のものを持って集まって」という呼びかけも秀逸でした。映像では、「緑」を持った人間が集まってくる様子が映えるからです。

そして選挙の結果は、ご存じのように小池百合子の圧勝。

比喩を制したものが選挙も制したのです。

松下幸之助の比喩力

政治家だけではありません。優れた経営者も往々にして「比喩力」が優れています。

1932年5月5日、大阪堂島の中央電気倶楽部で、松下電気器具製作所（現パナソニック）の第1回創業記念式が行われました。

創業者の松下幸之助はこの時37歳。実際の創業からは14年たっていましたが、のちに幸之助が「この日が松下電器の創立記念日です」と言うほど、重要な日になりました。

幸之助は、168人の全社員を前に、以下のような渾身のスピーチをしたのです。

「産業人の使命は貧乏の克服である。その為には、物資の生産に次ぐ生産を以《もっ》て、富を増大しなければならない。水道の水は価有る物であるが、乞食が公園の水道水を飲んでも誰にも咎《とが》められない。それは量が多く、価格が余りにも安いからである。産業人の使命も、水道の水の如く、物資を無尽蔵にたらしめ、無代に等しい価格で提供する事にある。それによって、人生に幸福を齎《もたら》し、この世に極楽楽土を建設する事が出来るのである。松下電器の真使命も亦《また》その点に在る」

このスピーチを聞いた社員たちは、大いに士気が高まりました。全員が壇上に駆け上がり、それぞれの「所信表明」を行ったといいます。

電化製品の普及を水道の水にたとえたからこそ、多くの人に伝わったのです。

これはのちに「水道哲学」と呼ばれました。

松下幸之助は、それから33年後の１９６５年、岡山県倉敷国際ホテルで開かれた第３回関西財界セミナーで講演し、「ダム経営」という経営スタイルを提唱しました。

「ダム経営」も比喩を使ったネーミングです。

河川のダムが水をため込み必要に応じて流していくように、資金、人材、在庫等を余裕をもって貯え、必要に応じて流すようにすれば、景気や需要に左右されることなく安定した経営ができるというもの。

会場でそれを聞いた聴衆から、以下のような質問がありました。

「確かに仰《おっしゃ》る通りですが、それがなかなかできないから困っている。余裕のない零細企業のわれわれは、どうすればダムがつくれるんですか?」

すると幸之助は、「その答えは私も知りません。そやけどまず、ダムをつくろうと思わんといけませんなあ」と答えました。

具体的なノウハウを教えてもらえるかと思った会場は落胆でどよめき、失笑さえ起きたといいます。

しかし会場にいたひとりの男だけが、幸之助の言葉に感動し、激しく心を揺さぶられていました。彼はこんなふうに感じたのです。

「『うちは零細やから何か簡単な方法を教えてくれ』みたいな生半可な思いで仕事してたらダムなんか一生できない。まずダムをつくろうと強く思うことが大切だ。そうやってものすごい願望をもって毎日毎日一歩一歩歩くと、何年か後には必ずそうなる。そういうことを松下さんは言っておられるのだ」

その男こそが、数年前に京都セラミック(現京セラ)を起業したばかりの稲森和夫だったのです。

稲森は、のちに「アメーバ経営」という経営管理手法を提唱します。

これは、会社をアメーバと呼ぶ6、7人の小集団に分け、グループごとに計画や目標をたてて、それを実現していくという方法です。小集団なので成果が数字にすぐに表れ、当事者意識を引き出しやすいなどのメリットがあります。

「アメーバ経営」も比喩を使ったネーミングであることで、どのような形を取るのかイメージしやすくなっていますね。

村上春樹の比喩力

比喩がうまいと言えば、小説家の村上春樹が有名です。

どの小説にも印象的な比喩が書かれていますが、個人的に一番記憶に残っているのは『ダンス・ダンス・ダンス』（講談社文庫）に登場する、

「文化的雪かき」

というものです。

この小説で、主人公の「僕」はフリーランスのライターです。

雑誌に、女優のインタビュー記事やレストランの紹介記事などを書いています。

その仕事自体に大きな意味があるとは、本人も思っていません。

作中で何度も自分の仕事について言及しています。

「文章を書くこと自体は別に苦痛じゃない。文章を書くのは嫌いじゃないんだ。書いているとリラックスする。でも書いている内容はゼロなんだよ。何の意味もない」

「何でもいいんです。字が書いてあればいいんです。でも誰かが書かなくてはならない。で、僕が書いてるんです。雪かきと同じです。文化的雪かき」

ただ仕事は絶対に手を抜かない。きっちり調べて丁寧に書く。ギャラが安くても文句は言わない。急な依頼でも締切時間の30分前には仕上げる。

北国では大雪が降れば、誰かがきちんと雪かきしないといけない。

そこを通る人が転んだりしないように。

それと同じ理屈だというのです。

また、仕事を効率よくこなすテクニックも身につけていて、以下のように語ります。

「でも有効な雪かきの方法というのは確かにありますね。コツとか、ノウハウとか、姿勢とか、力の入れ方とか、そういうのは。そういうのを考えるのは嫌いではないです」

これがもし「雪かき」という比喩がなく、ただ仕事についての思いだけが書かれていたとしたら、ここまで印象に残っていなかったでしょう。比喩で表現されているから心に残るのです。

比喩がわかる直喩

比喩は厳密にいうと、いろいろな分類がありますが、大きく「直喩《ちょくゆ》」と「隠喩《いんゆ》」の2つにわけられます。

直喩とは、「比喩であることがわかるように締めてある比喩」のことです。具体的には「○○のような」「○○みたいな」「○○するつもりで」などのフレーズがつきます。

今まであげた例で言うと、都知事選の小池百合子が語った「崖から飛び降りるつもりで」は、この直喩です。

1960年代から70年代にかけてアメリカで活躍した、伝説のボクサーであるモハメド・アリ。彼はヘビー級であるにもかかわらず軽やかにステップを踏み、鋭いジャブを多用するなど、今までにない華麗なボクシングスタイルで人気を呼びました。
アリのボクシングスタイルは、以下のような比喩で表現されていました。

蝶のように舞い、蜂のように刺す
(Float like a butterfly, sting like a bee.)

これはまさに直喩です。アリのトレーナーのドゥルー・バンディーニ・ブラウンが考案したもので、試合前に二人一緒にこのフレーズを叫ぶのが、彼らのルーティンでした。
２０１５年9月のラグビーワールドカップで、日本代表が優勝候補の一角である南アフリカに劇的な勝利をおさめた時、ネットではそれがどれほどの偉業であるかを、「○○で言えば××のようなもの」という直喩を使ったたとえ話で表現することが流行りました。中でも一番有名なフレーズは以下のものです。

「レスリングの試合で言えば、桐谷美玲が吉田沙保里に勝つようなもの」

この比喩表現が正確かどうかは別にして、いかにすごい偉業であるかがイメージできたという人が多かったのは事実です。

このように、仮の設定をした上でたとえ話をするのも有効な手段です。

これも直喩の一種と言えるでしょう。

スピード感がある隠喩(メタファー)

一方隠喩はメタファーとも呼ばれ、比喩であることを示さないものをいいます。

今まで例にあげたもので言えば、村上春樹の「文化的雪かき」は、まさにこの隠喩です。

能力のある女性がいくら頑張ってもトップに立てないという「見えない障害」にも、以下のようなメタファーが使われます。


「ガラスの天井(glass ceiling)」

アメリカで1980年代から使われていた言葉です。ヒラリー・クリントンが演説でよく使うことで有名になりました。2016年7月に民主党大統領候補に指名されたヒラリーは、受諾演説の中で「『ガラスの天井』にもっとも大きなひびを入れた」と語りました。

グルメリポーターの彦摩呂は、料理を独特の比喩で表現することで有名です。もともと、彦摩呂は普通の言葉で食のレポートをしていました。しかし、このままでは自分がテレビの世界から消えてしまうという危機感を抱き、初心に返って感じたままをコメントしようと思ったのです。

ちょうどその時、北海道ロケがあり、魚市場の食堂で海鮮丼が出てきました。彦摩呂には、イクラがルビー、アジがサファイア、鯛がオパールみたいに見えました。すると「うわぁ。海の宝石箱や〜！」という言葉が自然に出てきたといいます。

それまでの自分の殻を破った彦摩呂は、料理を独特の比喩で表すという表現法を見つけ出したのです。

例えば以下のような比喩です。


（豚骨と魚介が絶妙にブレンドされたスープに）

「これはスープのできちゃった結婚や」

（いろいろな具材が入ったおでんを見て）

「このおでんは、具材の健康ランドや～」


これらの比喩は、隠喩です。

一般的に隠喩の方がスピード感があり、読み手の心に早く届いて刺さりやすくなります。

一方、たとえた意味がわからなかったり、見過ごされたりしてしまうというデメリットもあります。

ビジネスシーンでは、直喩と隠喩を厳密に区別する意味はほとんどありません。

その時々で有効と思える方を使えばいいでしょう。

会話の比喩は「たとえツッコミ」に学ぶ

会話でも比喩やたとえ話を瞬時に言えるようになると、この人は頭の回転が速いなと一目おかれるようになります。

比喩を考える際に参考になるのは、テレビで活躍しているお笑い芸人です。

「たとえツッコミ」と呼ばれている比喩を使ったツッコミ手法に長けた芸人を3名、ご紹介しましょう。

まずはくりぃむしちゅーの上田晋也の「たとえツッコミ」を見てみましょう。

（流行に乗り遅れている人に対して）

「11月に冷やし中華始めましたくらい遅いよ！」

（過酷なロケの状況に）

「真夏日にサウナでキャンプファイヤーくらい過酷だよ！」

（簡単に追い込まれている出演者に向かって）

「追い込まれすぎだろ。２ストライクから出てきた代打か！」

（下克上した人をたとえて）

「スクール水着でスピード社の水着に勝つみたいな!?」

非常にわかりやすい比喩を駆使したもので、単語を替えたら日常生活でも応用できそうですね。

次に南海キャンディーズの山里亮太の「たとえツッコミ」を見てみましょう。

（嫌なことをズケズケと言われて）

「あのー、人の心にさ、土足どころかスパイクで入ってこないで。ズッタズタだよ」

（山里の発言に客席がサーッと引いていった時）

「びっくりしましたね、津波の寸前の海みたいになりましたからね」

（司会者からボソッと「気持ち悪いなあ」と言われて）

「心の声のボリュームでかすぎますよ」

（キスについて詳しいみたいですね、と言われて）

「わたくしのキスの引き出し、埃《ほこり》しか入っておりません」

同じくわかりやすい比喩ですが、そのままではなく、少し言葉がひねってあるのがわかります。語彙《ごい》力が豊富でないと、なかなか出てこない比喩です。

最後にフットボールアワーの後藤輝基《てるもと》の「たとえツッコミ」を見てみましょう。


（共演者同士のテンションに大きな差があった時）

「温度差ありすぎて風邪ひくわ」

（ロケで食べすぎてお腹いっぱいで）

「1LDKに15人住んでるよ」

（出演者がギャグを言ってスベった時）

「お前、よくそんなギャグ出せたな。陶芸家やったら割ってるヤツやで」

（目が泳いでいた共演者に）

「目が泳ぐどころじゃないですよ！　遠泳ですよあれ！」

（相方の岩尾を評して）
「こいつはね、僕が見ててね、男性の部分60％、女性の部分40％ぐらいあるんですよ。カフェオレみたいなやつです」

後藤の比喩はかなり高度です。ただ比喩を考える際の参考にはなります。

瞬時に比喩を思いつく方法

では、会話の中で比喩を思いつくようになるには、どのような訓練をすればいいでしょう。まずは、比喩で表したい対象と、別のものの共通点を探すことから始めてみましょう。

例えば、前項のたとえツッコミの例を見てください。

「流行に乗り遅れていること」↓「季節に乗り遅れている飲食店のメニュー」
「追い込まれていること」↓「スポーツで追い込まれている状況」

「客席がサーッと引いていく」↓「海面がサーッと引いていく」

「お腹いっぱい」↓「部屋に人がいっぱい」


というふうに、共通点を探していくのです。

この場合、あまり距離が近すぎると、印象深い比喩になりません。

「流行に乗り遅れている」に対して、例えば「洋服」でたとえてしまうと、近すぎるので、あまり化学反応が起きません。夏定番の「冷やし中華始めました」の貼り紙が11月だから、おもしろい比喩になるのです。

また、隠喩の基本モデル「○○は△△だ」で普段から練習しておくことも、比喩力を鍛える方法です。

例えば、人生をいろいろなものにたとえてみましょう。

・人生は山登りだ
・人生は旅だ
・人生はサッカーだ

などのように。

「人生は山登りだ」であれば、「人生」と「山登り」の共通点をいろいろと見つけるのです。そうすると、以下のような共通点が見つかるでしょう。

・登りもあれば下りもある
・地図がないと心配だ
・頂上だと思ってたどり着いたところが、頂上とは限らない
・荷物は軽い方がいいが、何もないと心配だ
・頂上までの登山道はひとつだけとは限らない
・油断すると遭難する可能性がある
・上の方に行くにつれて、見える景色が全然違う

このように共通点を探すトレーニングを地道に続けることで、比喩力は向上します。

「寸鉄人を殺す」フレーズ

「比喩」とはちょっと違いますが、その場面に合った適切な「故事成語」「ことわざ」「格言」をすらっと言えるようになると、短い言葉で相手の心を刺すことができます。

故事成語は、中国の古典などのエピソードから教訓としてつくられたものです。例えば「寸鉄人を殺す（刺す）」という故事成語があります。

これは中国・南宋時代の『鶴林玉露《かくりんぎよくろ》』という随筆集に出てくる言葉で、「寸鉄」とは小さな刃物のことです。そんな小さな刃物でも、急所をつけば人を殺すことができるということから、短く鋭い言葉で、人の急所をグサッとつくことを表す表現です。

上司がプレゼンなどでクライアントの心をグッとつかむ一言を放ったとします。そんな時、「部長のあのフレーズは、まさに『寸鉄人を殺す』でしたね」などと言えると、まさに「殺し文句」になるでしょう。ビジネスで使える故事成語は数多くあります。

私情を捨てて涙をのんで誰かを処分する時に「泣いて馬謖《ばしよく》を斬る」を使う。

競合プレゼンに負けて巻き返す時に「捲土重来《けんどちようらい》」を使う。

部下の資料で大事なことが抜けていた時に「画竜点睛《がりようてんせい》を欠く」を使う。

論語由来の故事成語である「一を聞いて十を知る」「和して同ぜず」「後生畏《おそ》るべし」

「過ちて改めざる、これを過ちという」「義を見て為さざるは勇なきなり」など。

老子・荘子由来の故事成語である「上善は水の如し」「天網恢恢《かいかい》疎にして漏らさず」「足るを知る」「君子の交わりは淡きこと水の如し」「蟷螂《とうろう》の斧」「無用の用」など。

他にも「一網打尽」「漁夫の利」「合従連衡」「矛盾」「杞憂《きゆう》」「圧巻」「白眉」「馬耳東風」「同床異夢」「四面楚歌」「逆鱗に触れる」「人生万事塞翁《さいおう》が馬」「備えあれば患《うれ》いなし」など、数多くの故事成語があります。

できれば、その出典や実際のエピソードを知って使うとより厚みが出ます。

章末に主だった語の意味や由来をまとめておきましたので、参考にしてください。

ことわざは、世代を超えて伝えられてきた風刺や教訓を短い言葉で表したものです。

例えば「鬼の目にも涙」「蛙の子は蛙」「急がば回れ」「案ずるより産むが易し」「石の上にも三年」「医者の不養生」「犬も歩けば棒に当たる」などです。

「格言」と「名言」の違いは明確ではありませんが、本書では誰が語った言葉か明確でないものを「格言」と分類します。

特定の業界における格言は特に重みや切れ味があります。

例えば以下のフレーズは、相場や株式市場における有名な格言です。ビジネスの現場などで使っても効果を発揮するでしょう。

・人の行く裏に道あり花の山——利益を得るには沢山の人がする行動とは逆の行動を取れという意味。

・見切り千両——含み損などのある株を値上がりを期待して持ち続けるのではなく、早く損切りしてしまうことは大きな価値があるという意味。

・もうはまだなり、まだはもうなり——もう底値だと思う時はさらに下値があるかもしれない。まだ下がるのではないかと思う時は、もうこのへんが底かもしれない。そういう可能性も考えてみろという意味。実際は、誰も正確に予測できない相場の難しさを言い表し、簡単に決めつけるなと戒めたもの。

他にも、あなたが特別に詳しい業界・スポーツ・競技などでよく使われる「格言」があれば、それを有効に使いましょう。みんな知らない格言をうまく使うことができれば、まわりから一目おかれます。

第六章のまとめ

①うまい比喩やたとえ話があると、本来長々説明しなければならないことが、シャープにまとめられ、わかりやすくなる。

②卓越した政治家・宗教家・経営者・文学者は、比喩力が高いことが多い。

③会話での比喩力は、お笑い芸人の「たとえツッコミ」に学べ。

④距離がある程度遠いものの中に共通点を見つけることが、比喩を思いつく第一歩。

⑤「故事成語」「ことわざ」などの寸鉄を手に入れると、人を刺すことができる。

本書で紹介した主な故事成語の解説

●泣いて馬謖を斬る

どんなに愛する者や優秀な者であっても、法や規則に違反した者は、規律を守るために処分しなければならないという状況のこと。

＊『三国志・蜀志《しょくし》』が出典。中国の三国時代、蜀の諸葛孔明《しょかつこうめい》が魏と戦った時、もっとも信頼していた腹心の部下・馬謖が命令に背いて戦ったため、相手に大敗を喫した。孔明が軍の規律を守るため、泣く泣く馬謖を斬罪に処したことが由来。

●捲土重来

一度戦いに敗れた者が態勢を立て直し、巻き返して攻めてくること。「捲土」は土煙が巻き上がるくらい勢いの激しいこと。「重来」は再びやってくること。

＊杜牧《とぼく》の漢詩『題烏江亭』（烏江亭《うこうてい》に題す）が出典。唐時代の詩人杜牧が、漢の王の劉邦《りゅうほう》と天下を争い敗れた楚《そ》の王の項羽について「故郷で兵を集めて捲土重来していたら、戦いはどうなっていたかわからない」という意味の詩を詠んだことから。

●画竜点睛を欠く

物事を完成させるのにもっとも肝心な最後の仕上げを忘れたために、もう一息足りないことのたとえ。「睛」はひとみ。転じて、物事の大切なところの意。

＊『歴代名画記』が出典。中国・梁《りょう》の絵師・張僧繇《ちょうそうよう》が壁に

描いた龍の絵に「睛」が欠けていた。無理やり「睛」を入れさせたところ、描いた龍は天に昇っていき、描かなかった龍は壁に留まったという故事から。

●**後生畏るべし**

自分より若い者は、気力も体力もあり、努力しだいでどれだけ大成するかわからないので、決して見くびってはいけないという意味。後生とは、自分よりも若い人間のことを指す。

*『論語』が出典。孔子の「後生畏るべし。焉《いずく》んぞ来者の今に如《し》かざるを知らんや（若者の存在は恐ろしい。今の我々に及ばないなどとどうして言えるだろう）」という発言から。

●**上善は水の如し**

最高の善とは水のようなものである、という意味。

*『老子』が出典。原文には、上記の言葉に続き「水は万物に利を与えるが、我を張って争うようなことはせず、みなが嫌がる下の方に身を置く」という理由が書かれている。

●**蟷螂の斧**

実力のない者が強い者に対して無謀に立ち向かうことのたとえ。蟷螂とはカマキリのこと。カマキリが敵に対する時、頭上にかざす前足が斧に似ていることから。

*『荘子』『韓詩外伝』など出典多数。「身の程をわきまえない無駄な抵抗」という否定的ニュアンスで使う時もあれば、「非力であっても身を捨て強敵に立ち向かうべき時がある」という肯定的なニュアンスで使う場合もある。

*これ以外の故事成語で、意味や出典をご存じない語については、ぜひご自分で調べてみてください。

第七章 旗印力《はたじるし》

――多くの人を引っ張る旗印やスローガンをつくる技

あなたの旗に何を書くか？

「一言力」に必要な能力の最後は「旗印力」です。

「旗印」とは別の言葉に置き換えると、「標語」「指針」「合い言葉」のこと。英語の「スローガン」もほとんど同じ意味です。

スローガンは、もともとはスコットランド人が使っていたゲール語で「戦場であげる『ときの声』」という意味の、「sluagh-ghairm」が語源だと言われています。

要するに会社・各種団体・グループ・個人などが「行動の目標として掲げる理念・主義・主張を強く印象づけるために短く要約した文章や標語」のこと。

「旗印力」とはそのような1行をつくることができる能力のことです。

会社であれば「理念」や「哲学」を示す1行を掲げることで、世の中に思いを示す。

リーダーであれば、部下を引っ張る「目標になる1行」を掲げる。

学校の体育祭や文化祭などで掲げられる「標語」などにも、「旗印力」が求められます。

あなたがリーダーとして何か旗を掲げなければならないとして、そこにどのような言葉を書くでしょう。

戦国武将は合戦の時に自らの軍旗を掲げました。真田家の六文銭のようにデザインだけのものも多かったですが、言葉が書かれていたものもありました。

有名なのは織田信長の「天下布武《てんかふぶ》」です。1567年の美濃平定のあとに使い出したフレーズで、日本全国を武力で統一するという意思を示したものです。

武田信玄の「風林火山」も有名です。実際に書かれていた文字は、「疾如風　徐如林　侵掠如火　不動如山」（疾《はや》きこと風の如く、徐《しず》かなること林の如く、侵掠《しんりゃく》すること火の如く、動かざること山の如し）でした。それが略されて「風林火山」と伝わっています（この略称はのちの創作であるという説も）。中国の古代の兵法家・孫武《そんぶ》による兵法書『孫子』に書かれている文章を、部分的に引用したものです。

関ヶ原の戦いで争った徳川家康と石田三成の軍旗にも言葉が書かれていました。

徳川家康の軍旗には「厭離穢土欣求浄土《えんりえどごんぐじょうど》」という言葉が。これは浄土教の教えにあるもので「けがれた現実世界を離れ、極楽浄土を心から願い求める」という意味です。

一方、石田三成は、「大一大万大吉《だいいちだいまんだいきち》」という言葉を旗印に掲げました。このフレーズは、「一人が万人のために、万人が一人のために尽くせば、世の中の人々は幸せ（大吉）になれる」という意味でした。

戦いに敗れた三成ですが、旗印のスローガンでは家康に勝っているかもしれません。

1行のスローガンが歴史を変える

政治で使われるスローガンは1行で国や歴史を動かすこともあります。

徳川幕府を倒し明治維新を成し遂げた新政府は、「富国強兵」をスローガンに掲げました。経済力を上げ（＝富国）、徴兵制や軍制改革により軍事力を増強（＝強兵）することで西洋諸国に追いつき、国家の自立を図ろうとしたのです。

カール・マルクスとフリードリヒ・エンゲルスは、著書である『共産党宣言』の巻末に「万国の労働者よ、団結せよ！」と書きました。このフレーズは共産主義運動に大きな影響を与え、多くの国で革命のスローガンになりました。

アドルフ・ヒトラー率いるナチス（国家社会主義ドイツ労働者党）は、「ドイツよ目覚めよ！」「すべての労働者に職とパンを！」というスローガンで党勢を伸ばしました。政権を獲得してからは「一つの民族、一つの国家、一人の総統」をスローガンにし、独裁政権を確立しました。

アメリカが第二次世界大戦で日本と戦った時のスローガンは、「リメンバー・パールハーバー（真珠湾を忘れるな）」です。

　1941年12月7日朝、日本軍はハワイの真珠湾を奇襲攻撃し、停泊していたアメリカ艦隊に大きな打撃を与えました。翌日の12月8日、アメリカのフランクリン・ルーズベルト大統領は、議会で、対日宣戦布告を要求する演説を行います。

「昨日1941年12月7日は屈辱の日として記憶される」というフレーズから始まり、日本軍の卑劣な攻撃を非難する内容で、防衛のためにあらゆる手段を取って日本と戦うという内容でした。

　それまで議会では参戦反対派が圧倒的多数を占めていましたし、ルーズベルト自身も戦争は起こさないという公約で再選されていました。しかしこの演説により、上院下院のほぼ全員の議員が、ルーズベルトの提案に賛成しました。

「リメンバー・パールハーバー」というスローガンが掲げられ、それまで参戦反対派が圧倒的だった国民も多くが賛成派に変わりました。こうしてアメリカは第二次世界大戦に参戦していくことになります。

　良くも悪くも、1行スローガンが歴史を動かすこともあるのです。

ビジョンを現実にする1行の力

掲げた1行の言葉によって、ビジョンが現実になることもあります。

1961年5月25日、アメリカ大統領J・F・ケネディが連邦議会特別両院合同会議で演説を行いました。

ケネディはそこで以下のように宣言しました。

「10年以内に人間を月に着陸させて、安全に地球に帰還させる」

当時、アメリカはソ連との宇宙開発競争に大きく後れをとっていました。そんな状況下でこの発言は当時、荒唐無稽のように思われました。

しかしこの1行の旗印によって、月への有人宇宙飛行計画は急速に動き出しました。

ケネディ自身は63年に暗殺されてしまいましたが、彼が残した計画は着々と進み、宣言から8年後の69年7月20日16時17分、アポロ11号が遂に月面有人着陸に成功するのです。

ウィンドウズで知られるマイクロソフト社は、1975年にビル・ゲイツとポール・アレンによって設立されました。

創業当時、二人は以下のスローガンを掲げました。

「すべてのデスクの上と、すべての家庭にコンピューターを」

当時はまだコンピューターと言えば大型コンピューターだった時代で、パーソナルコンピューターは開発されたばかりでした。

やがて彼らはＩＢＭからソフトウェア開発の依頼を受けます。その時に開発したのがＤＯＳでした。普通なら超大企業であるＩＢＭの受注だけで満足しそうなものですが、ゲイツは違いました。パーソナルコンピューターの時代を見据えて、他の企業にもＤＯＳを提供できるという契約を勝ち取ったのです。

これによりマイクロソフト社は大きく発展し、のちのウィンドウズにつながっていきます。それにより、パソコンはオフィスや家庭内にどんどん普及していきます。

２０１５年４月、マイクロソフト社設立40周年の前日、ゲイツは全従業員に向かって電子メールを送りました。

「会社を創業した時、ポール・アレンと私は『すべてのデスクの上と、すべての家庭にコンピューターを』という目標を設定しました。それはあまりに大胆なアイデアで、多くの人たちはそんなことが可能だと思っている私たちのことを気が触れたと考えました。

それからのコンピューターの長い道のりは驚くべきことですし、その革命の一端をマイクロソフト社がになえたことは、私たちの誇りに思ってよいことです」


掲げた当初は、人から笑われるような荒唐無稽のスローガンでしたが、20年ほどで、先進国ではごくごく当たり前の風景になりました。ただそのスローガンを掲げたマイクロソフトがなければ、もっと実現が遅れていたかもしれないのです。

哲学を1行に

スローガンは、自らの団体の「哲学」を掲げることにも向いています。

北海道の旭川市にある旭山動物園は、従来の「形態展示（動物の姿を見せる）」から、「行動展示（動物の本来の動きやしぐさを見せる）」というスローガンを掲げたことで、新しい動物園像をつくることができました。

スターバックスコーヒーは、ファーストプレイスの家とセカンドプレイスの職場（学校）の中間の場所である『サードプレイス』を提供する」というスローガンを掲げて、新しいコーヒーチェーン像を確立しました。

野村克也はヤクルトの監督に就任した時、「ＩＤ野球」というスローガンを掲げて、「経験や勘に頼ることなく、データを駆使して科学的に進めていく」新しい野球像を確立しました。

オリンピック競技であり、世界中の競技人口が約３００万人と言われている柔道。もともとはいろいろな流派があった柔術を、「柔道」として体系化し普及させたのは、柔道の父と呼ばれている嘉納治五郎です。幕末の１８６０年に現在の兵庫県神戸市で生まれた嘉納は、小さい頃、小柄で身体が弱かったことから、「強くなりたい」といろいろな流派の柔術を習得。それらの長所と自らの創意工夫から、「柔よく剛を制す」という技術体系を完成させ、１８８２年に講道館柔道を創設します。

嘉納は、「柔道」の理念を「精力善用」と「自他共栄」という２つのスローガンに凝縮させました。「精力善用」とは、〝自分の心身が持つ力を、社会に対して善い方向に用いる〟という意味。「自他共栄」は〝相手を敬い、自分だけでなく他人と共に、栄えある世の中にしようとすること〟です。

柔道が日本中に、そして世界に普及していったのは、この「哲学を表す1行」があったからにほかなりません。

過激なスローガンで大逆転

対立する案件などで圧倒的に不利な立場に立たされた時、過激な「スローガン」を掲げることで民意を逆転できることがあります。

アメリカ・ミシガン州トロイにある公立図書館の廃止の危機を救ったキャンペーンのスローガン「本を燃やしてしまえパーティ（Book Burning Party）」は、まさにその好例です。

発端は、地元行政の財政難により、伝統ある美しい図書館を閉鎖することが検討されたことです。図書館存続の場合、0・7％増税されることになり、その是非を問う住民投票が行われることになったのです。

これに「ティーパーティー」と称される保守派勢力が怒り、「増税反対」のキャンペーンが大々的に広がりました。いつの間にか焦点は、図書館の存続の是非から、増税するかしないかになっていたのです。これにより、増税反対派（図書館不要派）が圧倒的に有利な情勢になっていました。

図書館存続派としては、何とかして議論を、増税の是非から歴史ある図書館を存続させるかどうかに戻さなければなりません。そこで一計を案じました。あえて過激な図書館不要派を装って、「8月2日　図書館廃止に投票しよう」という看板を街のあちらこちらにたてたのです。その下には「8月5日　本を燃やしてしまえパーティ開催」という架空のイベントを告知しました。つまり「図書館なんか廃止して、そこにある本を燃やしてしまえ」という、自らの主張とは正反対の過激なスローガンを掲げたのです。

実際、フェイスブックなどでも、本を燃やす準備を進める様子を大げさに告知していきました。その様子を見た街の住民は、本を燃やすというビジュアルにショックを受けました。「本当に図書館をなくしてしまっていいのだろうか」ということを、改めて考えるきっかけになったのです。

人々はSNS上で議論し、友達にシェアしました。そして図書館があることのメリットや、本を燃やすことの是非について討論するようになりました。SNSだけでなく市議会でも議論され、新聞やテレビなどのメディアも取り上げました。それはローカルニュースから全国ニュースへ、さらに世界的なニュースにまで拡散しました。

そうやって論争が盛り上がったところで、図書館存続派は、このキャンペーンの本当の狙いを種明かししました。

「図書館の存続にノーと言うことは、本を燃やすことに投票するのと同じです」と。

それを見た人たちは、またSNSにその事実を書き込み、そのニュースは拡散していきました。図書館存続派は、議論を「増税するかしないか？」から「伝統ある図書館を残すか潰すか？」に変えることに成功したのです。

住民投票の結果は、図書館存続派が圧勝しました。わずかなキャンペーン費用で、当初の予想の3倍以上の票が集まったといいます。

「本を燃やしてしまえパーティ」というスローガンを掲げたことで、民意を逆転できたのです。これがもし「図書館廃止反対」などのスローガンのままだったら、このような多くの議論が巻き起こることはなかったでしょう。あえて、自らの主張と正反対の過激な主張をすることで、多くの人の支持を得ることができたのです。

人間の感情の機微を理解した、優れた「旗印力」のお蔭だと言えるでしょう。

慣用句を繰り返し自分の旗印にする

自分オリジナルの言葉でない、有名な慣用句や格言などでも、何度も繰り返し語っていると、自分自身の旗印やスローガンにすることができます。

元AKB48のメンバーで「初代総監督」を務めた高橋みなみは、AKB48選抜総選挙のスピーチで、毎年「努力は必ず報われると、私、高橋みなみの人生をもって証明します」という言葉を繰り返しました。

そのうち、「努力は必ず報われる」というフレーズが、高橋みなみの代名詞と言われるようになりました。このフレーズ自体は、昔からよく言われている慣用句で、彼女のオリジナルではありません。また高橋みなみ自身も、そのあとの「人生をもって証明します」という言葉の方に重きを置いていました。努力は本当はなかなか報われるものじゃない。だからこそ自分が頑張って、「努力が報われること」を示したいという思いで言ったフレーズだったのです。

2015年6月、彼女にとっての最後の総選挙のスピーチで、高橋みなみは以下のように語りました。

「私は毎年、『努力は必ず報われると、私、高橋みなみは、人生をもって証明します』と言ってきました。『努力は必ず報われるとは限らない』。そんなのわかってます。でもね、私は思います。頑張っている人が報われて欲しい。だから、みんな目標があると思うし夢があると思うんだけど、その頑張りがいつ報われるとかいつ評価されるのかとかわからないんだよ。わからない道を歩き続けなきゃいけないの。きついけどさ、誰も見ていないとか思わないで欲しいんです。絶対ね、ファンの人は見ててくれる。これだけは、私はAKB人生で一番言い切れることです。（中略）今年も、卒業してからも、言わせてもらいます。（中略）『努力は必ず報われる』と、私、高橋みなみは、これからも人生をもって証明します！　ありがとうございました」

自らの代表的なスローガンを、一度否定してからもう一度肯定するという、「V字回復」法を使った名スピーチでした。

短期間のスローガンを掲げる

大きなビジョンを掲げ、それを1行のスローガンにすることは非常に大切です。

ただそのような大きな目標は、数年で簡単に達成できるものではありません。社内など内部の人間に対しては、短い期間での経営方針や目標を示すことも必要になってきます。

一般的には年度ごとに定める会社が多い中、アメーバブログなどで知られるサイバーエージェントは、半期ごとに、その期の社内向けのスローガンを発表しています。以下、サイバーエージェントの社内向けスローガンを数年分集めてみました。いずれも短くキャッチーなフレーズになっています。

13年下期　熱狂
14年上期　三倍エージェント
14年下期　爆グロ
15年上期　暗闇の中でジャンプ
15年下期　FRESH!
16年上期　NEXT LEVEL
16年下期　低姿勢

これらは全社員に向けて発信され、当たり年には社員が進んで使うようになって浸透していき、結果として業績を伸ばします。逆に滑ってしまい浸透しない年もあるそうです。代表取締役社長の藤田晋のブログによると、これらのスローガンは藤田本人がひとりで決めるとのこと。言葉を選ぶ際は、「時流を表現する」ことと「予想を裏切る」ことを大事にしているといいます。

2016年下半期のスローガン「低姿勢」は、藤田社長が社内を歩いていて、ある社員が取引先に乱暴な口調で叱咤《しった》している場面に遭遇し、「これはいったん、社内をいさめ、冷やさないといけないな」と感じてつけたとのことです。

この例のように、短期間の目標を、きちんと短く刺さるフレーズにスローガン化して伝えると、業績アップにつながります。重要なのは、社員が実際に口にしたくなるようなフレーズであるかです。多くの会社で見られる年度目標やスローガンは、ただ目標数字が書かれているものだったり、抽象的な言葉だったりするので浸透していかず、効果も生まれないのです。

刺さるスローガンのつくり方

では、どうすればそのような旗印になる1行のスローガンが書けるようになるでしょうか？　まずは以下の3つのポイントを基本に考えてみましょう。

①短く、やさしく、覚えやすい言葉で

旗印になるスローガンは、何よりも覚えやすいことが不可欠です。
そのためには短くやさしい言葉を使うことが必要です。
難しい熟語や英語を使えば使うほど、スローガンは形骸化していきます。

②何かしらの新しい発見や哲学がある

よく耳にするような常套句では、人の心に刺さりません。
そのフレーズに何かしらの発見があることが重要です。
またその会社や団体でなければ言えない「哲学」を感じることも大切です。
誰が言ってもいいような言葉では、確実に形骸化していきます。

③羅針盤になる1行に

羅針盤とは、本来は船の向かう方向を示してくれる方位磁石のこと。

スローガンの1行は、船における羅針盤の役割を果たすのが理想です。

メンバーが自分の行き先がわからなくなった時、「自分たちが進むべき方向はこっちだ」と教えてくれる、羅針盤になるような1行にしましょう。


もちろんこれらすべてを1行に凝縮するのは、かなり難度が高いです。

ただ、これらの要素を考えてつくると、刺さる1行をつくれる確率が格段に上がります。

言葉の力でチャンピオンに復活

旗印になる1行は、個人の生きざまを変えてしまうこともあります。

P180で取り上げた「蝶のように舞い、蜂のように刺す」伝説のボクサー、モハメド・アリ。

彼のエピソードには続きがあります。

アリは、ヘビー級チャンピオンだった1967年、ベトナム戦争に反対し徴兵を拒否したことから、王座を剝奪されライセンス停止処分になりました。

3年7カ月のブランクを経て再びチャンピオンを目指しますが、なかなか復帰前のような試合ができませんでした。復帰から数年がたった73年、ケン・ノートン戦で生涯2度目の敗北を喫しました。

その時、ファンから以下のような批判の手紙が届きました。

「蝶は羽を失い、蜂は針を失った」

アリはこの手紙をジムの壁に貼り、毎日眺めました。

もう一度、羽と針を取り戻したい、その思いを胸に苦しい練習に励んだといいます。

そして74年10月、ザイール共和国（現コンゴ民主共和国）の首都キンシャサで行われたWBA・WBC世界統一ヘビー級タイトルマッチ。

アリは当時最強の絶対王者と言われたジョージ・フォアマンに8ラウンドKO勝ちし、7年7カ月ぶりにチャンピオンの座を奪取しました。この試合は「キンシャサの奇跡」と呼ばれています。

「蝶のように舞い、蜂のように刺す」という羅針盤になるスローガンがあったからこそ、またそのプライドをずたずたにされた手紙という発奮材料があったからこそ、チャンピオンに復活できたとも言えるでしょう。
言葉の力は本当にすごいですね。

第七章のまとめ

①「旗印力」とは、「行動の目標として掲げる理念・主義・主張を強く印象づけるために短く要約した文章や標語（＝スローガン）」を言える能力。

②「リメンバー・パールハーバー」など、1行の旗印が歴史を変えることもある。

③夢を実現するためには、ビジョンを1行で示すことから始めるといい。

④刺さるスローガンは「短く、やさしく、覚えやすい言葉で、何かしらの新しい発見や哲学があり、羅針盤になる1行」であること。

⑤羅針盤になるような1行が個人の人生を変えることもある。言葉の力はすごい。

あとがき

『一言力』を手に取って読んでいただき、ありがとうございます。

本書のタイトルは、編集担当・小木田順子さんの「それなら『一言力』の方がいいんじゃないですか?」という「一言」から生まれました。

企画書上は『一行力』という仮タイトルだったのですが、初めての顔合わせで、私が古事記に登場する「一言主」のすごさを熱く語ったらそう言ってくれたのです。「確かにそうですね」と、私が大きくうなずいたのは言うまでもありません。

小木田さんに出会えたのは、幻冬舎営業部の市川真正さんの「それなら新書の編集長をご紹介しますよ」という「一言」がきっかけでした。2015年12月、明屋《はるや》書店チェーン(本社・松山市)の北九州での会で市川さんと名刺交換した時、私の「幻冬舎新書で書きたいです」という発言に素早く反応していただいた「一言」です。

市川さんが名刺交換しに来てくれたのは、その直前にあった明屋書店・庄嶋勇人常務のスピーチでの「一言」がきっかけでした。スピーチの中で庄嶋さんは、「川上徹也さんの『1行バカ売れ』という本をうちのチェーンで2000冊まで売り伸ばします」と力強い「一言」で断言してくれました。それで市川さんも興味を持ってくれたのです。

そしてなぜそのような場に私がいたかというと、明屋書店・小島俊一社長が「北九州地区の全店長会議でまたぜひ『物を売るバカ』の講演をしてください」という「一言」で、私にオファーしてくださったからです。

このような「一言」をきっかけにしたセレンディピティ（偶然を幸運に変える力）によって、『一言力』という本は誕生しました。名前をあげられなかった方々も含め、関わっていただいたみなさんには感謝の言葉しかありません。

ありがとうございます。

本書を読んで「一言力」を身につけたあなた！

ぜひ「一言」の力で偶然を呼び込み、ビジネスや人生を切り開いてほしいです。

本書がそのきっかけになったら、著者としてこれほどうれしいことはありません。

あなたとの間にも、何かセレンディピティが生まれることを楽しみにしています。

です。

「一言主」を祀る「葛城一言主神社」（奈良県御所市）は、私の大好きな神社のひとつです。勝手に「キャッチコピーの神様」と名づけ、何年も前から1年に一度は参拝に行っていました。その名前の一部が入った本を上梓できることは、私にとってこの上ない喜びです。本ができたら、奈良へ報告に行こうと思っています。

良いことも悪いこともすべて「一言」で言い表す「一言主」は、どのようなご神託を下してくれるでしょうか？

「売れる」と言ってくれるでしょうか？　それとも……。

今からドキドキします。

まあご神託といっても、私が心の中で勝手に都合よく一言主の声を聞くだけなのですけどね（笑）。

２０１６年10月

川上徹也

著者略歴

川上徹也
かわかみてつや

コピーライター。湘南ストーリーブランディング研究所代表。
大阪大学人間科学部卒業後、大手広告代理店勤務を経て独立。
様々なプロジェクトに関わる中で「一言力」に磨きをかける。
企業の旗印になる「川上コピー」を得意とする。受賞歴多数。
「物語の力で会社や商品を輝かせる」という手法を体系化し、
「ストーリーブランディング」と名付けたことでも知られる。
著書は『物を売るバカ』『1行バカ売れ』（ともに角川新書）、
『あの演説はなぜ人を動かしたのか』（PHP新書）など多数。

幻冬舎新書 439

一言力《ひとことりょく》

二〇一六年十一月三十日　第一刷発行

著者　川上徹也
発行人　見城　徹
編集人　志儀保博
発行所　株式会社　幻冬舎
〒一五一−〇〇五一　東京都渋谷区千駄ヶ谷四−九−七
電話　〇三−五四一一−六二一一(編集)
〇三−五四一一−六二二二(営業)
振替　〇〇一二〇−八−七六七六四三
ブックデザイン　鈴木成一デザイン室
印刷・製本所　株式会社　光邦

Printed in Japan ISBN978-4-344-98440-0 C0295
か-22-1

幻冬舎ホームページアドレス http://www.gentosha.co.jp/
＊この本に関するご意見・ご感想をメールでお寄せいただく場合は、comment@gentosha.co.jp まで。

幻冬舎新書

近藤勝重
書くことが思いつかない人のための文章教室

ネタが浮かばないときの引き出し方から、共感を呼ぶ描写法、書く前の構成メモの作り方まで、すぐ使える文章のコツが満載。例題も豊富に収録、解きながら文章力が確実にアップする！

近藤勝重
必ず書ける「3つが基本」の文章術

文章を簡単に書くコツは「3つ」を意識すること。これだけで短時間のうちに他人が唸る内容に仕上げることができる。本書では今すぐ役立つ「3つ」を伝授。名コラムニストがおくる最強文章術！

梶原しげる
毒舌の会話術
引きつける・説得する・ウケる

カリスマや仕事のデキる人は、実は「毒舌家」であることが多い。毒舌は、相手との距離を短時間で縮め、濃い人間関係を築ける、高度な会話テクニックなのだ。簡単かつ効果絶大の、禁断の会話術。

伊藤真
説得力ある伝え方
口下手がハンデでなくなる68の知恵

相手を言い負かすのではなく、納得した相手に自発的に態度や行動を変えてもらうのが「説得する」ということ。カリスマ塾長・経営者・弁護士として多くの人の心を動かしてきた著者がその極意を伝授。

幻冬舎新書

本橋信宏
心を開かせる技術
AV女優から元赤軍派議長まで

人見知りで口べたでも大丈夫！　難攻不落の相手の口説き方、論争の仕方、秘密の聞き出し方など、大物、悪党、強面、800人以上のAV女優を取材した座談の名手が明かす究極のインタビュー術!!

山下景子
ほめことば練習帳

「折り紙付き」「圧巻」などよく耳にする言葉から、「口果報」「柳絮の才」のように現代ではそう使われることのない言葉まで、語源を遡り解説。言葉を使いこなし、人生を豊かにする練習帳。

工藤美代子
読ませる自分史の書き方

どうしたら読み手を唸らせる「自分史」を仕上げることができるか。読ませるポイントや、やってはいけないことなど、執筆の肝を、第一線のノンフィクション作家が具体的に伝授。自分史入門の決定版！

出口治明
本物の教養
人生を面白くする

教養とは人生を面白くするツールであり、ビジネス社会を生き抜くための最強の武器である。読書・人との出会い・旅・語学・情報収集・思考法等々、ビジネス界きっての教養人が明かす知的生産の全方法。